上海市义务教育项目化学习三年行动计划丛书
丛书主编　上海市义务教育项目化学习三年行动计划项目组

预见"新学习"

上海市义务教育
项目化学习三年行动计划
优秀案例集

第一辑

主编◎夏雪梅　崔春华　吴宇玉

华东师范大学出版社
·上海·

图书在版编目(CIP)数据

预见"新学习":上海市义务教育项目化学习三年行动计划优秀案例集. 第一辑/夏雪梅,崔春华,吴宇玉主编. —上海:华东师范大学出版社,2022
(上海市义务教育项目化学习三年行动计划丛书)
ISBN 978 - 7 - 5760 - 3240 - 6

Ⅰ.①预… Ⅱ.①夏…②崔…③吴… Ⅲ.①义务教育—教学设计—案例—上海 Ⅳ.①G522.3

中国版本图书馆 CIP 数据核字(2022)第 168458 号

上海市义务教育项目化学习三年行动计划丛书

预见"新学习":上海市义务教育项目化学习三年行动计划优秀案例集 第一辑

主　　编	夏雪梅　崔春华　吴宇玉
策划编辑	彭呈军
责任编辑	朱小钗
责任校对	董　亮　时东明
装帧设计	卢晓红

出版发行	华东师范大学出版社
社　　址	上海市中山北路 3663 号　邮编 200062
网　　址	www.ecnupress.com.cn
电　　话	021 - 60821666　行政传真 021 - 62572105
客服电话	021 - 62865537　门市(邮购)电话 021 - 62869887
地　　址	上海市中山北路 3663 号华东师范大学校内先锋路口
网　　店	http://hdsdcbs.tmall.com

印 刷 者	上海华顿书刊印刷有限公司
开　　本	787 毫米×1092 毫米　1/16
印　　张	15
字　　数	227 千字
版　　次	2022 年 10 月第 1 版
印　　次	2022 年 11 月第 2 次
书　　号	ISBN 978 - 7 - 5760 - 3240 - 6
定　　价	52.00 元

出版人　王 焰

(如发现本版图书有印订质量问题,请寄回本社客服中心调换或电话 021 - 62865537 联系)

编 委 会

张民生　尹后庆　贾　炜　崔允漷　杨向东　纪明泽　周增为
汤林春　徐士强　夏雪梅　崔春华　王晓华　吴宇玉　杨金芳
钱佩红　李　娟　鲍　洁　沈子兴　颜　清　刘文杰　邢至晖
高永娟　季晓军　徐　颖　陈久华　章卫华　汤丽红　居晓波

目 录

序一　与课改同行：项目化学习的研究与实践　　　　　　　　　　　1
序二　让素养在课堂上真实地生长　　　　　　　　　　　　　　　1
前言　上海市义务教育项目化学习三年行动计划之路　　　　　　　1

第一部分

活动项目导读：如何设计与实施活动项目　　　　　　　　　　　　3
　一、活动项目化学习对教师的挑战和意义是什么　　　　　　　　3
　二、学生在活动项目化学习中会有怎样的获得感　　　　　　　　4
　三、活动项目化学习的本质特征是什么　　　　　　　　　　　　4
　四、活动项目化学习从哪里来　　　　　　　　　　　　　　　　5
　五、活动项目化学习的设计要点是什么　　　　　　　　　　　　9
　六、活动项目化学习的实施要点是什么　　　　　　　　　　　　10
　结语："双减"背景下，活动项目化学习何以成为课后服务的新样态　11

项目1：从"蔷薇巷"项目探究社区治理的秘密　　　　　　　　　　13
　一、为什么做这个项目　　　　　　　　　　　　　　　　　　　13
　二、项目设计　　　　　　　　　　　　　　　　　　　　　　　14
　三、项目实施　　　　　　　　　　　　　　　　　　　　　　　15
　四、项目评价　　　　　　　　　　　　　　　　　　　　　　　23
　五、关键问题探讨　　　　　　　　　　　　　　　　　　　　　25

项目2：手机利弊面面观   27
    一、为什么做这个项目   27
    二、项目设计   28
    三、项目实施   29
    四、项目评价   40
    五、关键问题探讨   42

项目3：学校门口的安全出行   44
    一、为什么做这个项目   44
    二、项目设计   45
    三、项目实施   46
    四、项目评价   52
    五、关键问题探讨   56

第二部分

学科项目导读：如何设计与实施学科项目化学习   61
    一、学科项目化学习的内涵与特征   61
    二、学科项目化学习的类型   64
    三、如何设计学科项目化学习   66
    四、学校在推进学科项目化学习中的不同发展水平   73

项目4：疫情下如何设计全体同学的出操方案   76
    一、为什么做这个项目   76
    二、项目设计   77
    三、项目实施   80

四、出项 88
　　五、项目评价 92
　　六、项目设计与实施关键问题探讨 94

项目5：送给童年的诗 98
　　一、为什么做这个项目 98
　　二、项目设计 99
　　三、项目实施 100
　　四、项目评价 113
　　五、关键问题探讨 115

项目6：我为老师做软件 118
　　一、为什么做这个项目 118
　　二、项目设计 119
　　三、项目实施 120
　　四、项目评价 131
　　五、关键问题探讨 133

第三部分

跨学科项目导读：如何设计与实施跨学科项目化学习 139
　　一、什么是真正的跨学科项目化学习 139
　　二、跨学科项目化学习应该如何"跨" 142
　　三、如何保证跨学科项目化学习"跨"起来 146
　　四、如何评价跨学科项目化学习中真正的"跨" 148

项目7：会说话的毕业赠礼   **151**
   一、为什么做这个项目   152
   二、项目设计   152
   三、项目实施   154
   四、关键问题探讨   170

项目8：玩具再生   **172**
   一、为什么做这个项目   172
   二、项目设计   173
   三、项目实施   174
   四、关键问题探讨   190

项目9：生态连廊里的乾坤   **192**
   一、为什么做这个项目   192
   二、项目设计   193
   三、项目实施   196
   四、关键问题探讨   208

序一 与课改同行：项目化学习的研究与实践

2014年，教育部发布了关于课改的重要文件，文中首次提出要制定中国学生发展核心素养体系。教育部随后启动了新一轮国家高中课程方案和课程标准的修订工作，我有幸参与其事。随后在2015年，在上海市教委的支持下，上海市教育科学研究院普通教育研究所成立了学习基础素养项目组，这是上海基础教育综合改革和深化基础教育课程改革的重点项目，也是上海市教育科学重大项目。在当时，我知道中国学生发展核心素养体系正在研究中，学习素养肯定会包含在内，所以我觉得这个课题带有超前性，很有价值。

由此开始，我看着学习素养项目组逐渐成长，有时也参加他们的一些活动。项目组从研究学习素养的内涵开始，到提炼出来学习素养的模型。然后针对素养的培育，深入到学与教方式转变的研究。由此确定实验学校，扎扎实实开展实验研究。开始是几所实验学校，积累了初步的经验，实验扩大到10多所学校。继续做，从理论到实践，从实践到理论，随之又扩大到几十所学校。只要浏览他们的公众号，就能看到研究人员跟一线老师亲密无间的合作、分享和研讨，以及真研究中才会有的探理精神和实作的作风，从中我体会到一种感动。

项目的研究是开放的，在开始的四五年的时间里，大大小小的研讨会，有各方面专家的参与，我也参加了几次，很有收获。有了相对全面的思考和提炼，项目组接受上海市教委的委托，起草了上海市推进项目化学习的三年行动计划。2000年，三年行动计划获得批准并正式实施，项目组也进入了研究与推进并重的新的阶段。

在这段时间里面(2019—2022)，国家发布了有关高中与义务教育深化改革的一系列重要文件，以及高中与义务教育的新课程方案与课程标准，其中充分肯定了项目化学习的价值。结合课程改革，在三年行动计划的实施中，项目组创造性地提出活动项目、学科项目以及跨学科项目三种类型的项目化学习,并在资源建设,推进策略及骨干队伍建设等方面,做了大量的工作,这对推进课程改革实现育人方式转变,将起到积极的作用。

纵观7年来项目组的研究和实验的历程,以下几点给我以深刻的印象。第一,敢为改革先。这在前面已经说到,2015年提出学习素养的研究,随后提出项目化学习,从时间上来讲是跟国家课程改革的研究同步。国家正式发布新的课程方案与课程标准时,项目组的成果也形成了,这对新课程的推进,是十分及时的。第二,整个研究以项目化学习为主题,其本质是抓住了教与学方式变革这个核心,而且实验由点到面,由浅入深,学段由小学到初中,扎实推进。实验效果是可信的。第三,项目研究既有理论上的建树,更有大量的实践成果。如开发了供一线教师用的工具、案例、指南、量规等资源,这使实验结果可推广。第四,最有价值的是,项目组与学校之间建立了一种伙伴式的合作关系。他们共同研究,共同实验,共同总结,带出(培养)了一批勇于改革、勇于探索、勇于实验的教师、校长和学校。我在研讨会和公众号上,真切地感受到他们的成长。

本书是上海市义务教育项目化学习三年行动计划在实施中积累的优秀案例集。书中按照活动项目、学科项目、跨学科项目来组织框架,包含对三类项目的导读(涵义、特征、设计关键要素、实施关键要素等),以及与之匹配的9个优秀案例。它生动地呈现了项目组和学校、教师探索的实践,是推广项目化学习十分有价值的资源。期待以此书为起点,项目化学习的研究和实践将得到进一步深化与推广,从而为每一个学生带来新的学习体验和经历,为新课改作出新贡献。

张民生

国家教育咨询委员会委员,原国家督学,原上海市教委副主任

序二 让素养在课堂上真实地生长

素养的落地需要教育实践中实实在在的"行动",当前最紧迫、最需要的是把理念转化为行动。所谓"行动",指的是所有在日常课堂上每天与学生互动的老师们,在其主导的教学中的具体行为。这是关系到课程改革理念和方案能不能真正落地、能不能达到预期效果的关键。

教育中的行动最关键的是体现在学习方式和教学模式上。这种行动需要深刻理解人是如何学习的,需要回归学习的本质,回归学习是对于问题的探求。在这个过程中,既使得学习者能够对外部世界有一个深入的探求,同时也实现对自己精神家园的一种建构,这应该是我们学习的本意。项目化学习正是体现这种学习本质的方式之一。

项目化学习要引导学生在真实情境中发现问题,解决问题,在这个过程中让学生探究并体验包括学科知识在内的外部世界,发展对学科以及外部世界的内在兴趣。项目化学习最重要的价值是对于问题的持续不断的探求精神。这种探求不仅仅是对外部世界的探索,而且在外部世界探索中不断点燃自己的学习热情,不断在认识外部世界的过程中形成自己的价值观念,形成自我的精神世界。

今天在我国的教育背景中探讨项目化学习,要立足于我们国家的基础教育课程变革的现实环境。项目化学习的探讨和推进不是孤立的,而是要上联对立德树人的思考,下接对学生学习质量的追求,考虑学生的知识学习逻辑和项目逻辑之间的关系。项目化学习是有思维含量和思维发展意义的学习,要让学生透过问题的情境看到问题的本质,要在实际问题的探究和解决中,调动和激活相关的知识,并且形成可迁移的思维方式,在项目参与中实现对学科知识的深度理解。

项目化学习要让学生热情而有创意地生活。学生不能只是学科知识的复制者,而是一个有灵动生命的生活者。项目化学习真实性情境的特征联结了生命、学科和世界,促进学生更有热情、更富有创造性地投入到对生活世界的探索中。

项目化学习要让学生感受到学习的意义。我们的老师经常会问一个问题,我花比较少的时间就把知识教给孩子了,让他自己去探究需要花很长时间,教学有效性体现在什么地方？其实,现有知识传授过程中的"有效"和"无效"之上还应该有一项"意义"原则。所谓"意义",就是人生活的目的,即谋求人与世界更好地相处,具体就是谋求完善自我、完善与他人及社会的关系、完善人与自然的关系。这个意义是在所谓"有效"与"无效"之上的,更好地实现这个意义才是有效。当这个意义无法实现的时候,拥有再多记忆符号表达的知识,意义还是缺失的。

项目化学习的过程和成果都应该让学生获得学习的意义。在这样的学习中,教师的责任是什么？教师要在教学中创造鲜活的、智慧的、符合人的学习成长规律的生态,而不是把教学作为一套机械、僵化、背离人的学习和成长规律的操作程序。

在这样的学习中,学校的责任是什么？学校要为教师和学生创造一种宽容、持续探索、以人为本的文化氛围和制度,让教师安心教学,勇于求新求变,让学生喜欢学校,乐于学习,敢于提出问题并解决问题。

在这样的学习中,研究者的责任是什么？研究者应该贴地而行,尊重实践逻辑,到教育的现场中去,用新的眼光洞察问题,从常见的现象中挖掘出问题,说实践者听得懂的话,与实践者建立起良性的互动,共同解决问题,形成普适性的解决问题的思路和方法。

本书是上海市项目化学习三年行动计划的阶段性成果,体现了学生、教师、学校和研究者之间不断发现问题,共同解决问题的思路。要推动项目化学习这样一种新的学与教的方式落地,只有研究者的理论构想是不行的,需要实践者与研究者相互之间的磨合与互动。我们看到,不同的学校和教师呈现出了项目化学习的不同样态,多样的样态与教育实践的融合并进体现了中国文化"和而不同"的精神。

在实践中,每往前走一步,每形成一种新的理解,每开展一种新的探索,都很不容易。本丛书能够汇聚一批学校和教师聚焦这一领域持久地进行探索,体现了他们的坚韧和对教育理想的追求。

在复杂的、变动不羁的时代,教育有自己的使命、理想和追求。素养导向的教育变革是这个时代的一项伟大而艰巨的使命,需要我们安静、专业、持续地去迎接挑战。需要有更多的前行者和探索者,不畏艰辛,勇于思考,积极开拓,让这场静悄悄的、意义深远的变革在更多的课堂里生根、开花、结果。以本书为起点,希望这套丛书能够汇聚这一领域中更精彩、更持久的深耕与思索,为后来者树起引路的灯塔。

尹后庆

中国教育学会副会长、上海教育学会会长、原上海市教委副主任

前言　上海市义务教育项目化学习三年行动计划之路[①]

2020年9月24日,上海市教委印发《义务教育项目化学习三年行动计划(2020—2022年)》(以下简称"三年行动计划")。这份文件的研究基础来自上海市教委在2014年委托给上海市教科院普教所的重大课题和综改项目:"学习基础素养的课程与教学培育"。学习基础素养项目组通过项目化学习实验室的研究,带领各类学校在上海的课堂教学中走过了五年的历程,与实践者共同开展了形式多样、内容深厚的研究和实践,形成项目化学习的设计框架和实践类型。在三年行动计划的文件颁布后,在上海市教委的领导下,上海市教科院普教所与上海学习素养课程研究所共同成立上海市义务教育项目化学习三年行动计划项目组,扩大到在全上海市范围内进行实验,形成2个实验区、4个创建区、15所市级种子实验校、54所市级项目实验校的规模,在国家课程的框架内,聚焦素养、扎根课堂、培训教师、培育学生,深度推进课堂教学变革。

在新时代背景下,深化教育教学改革、全面提高义务教育质量,建立立德树人长效机制是教育发展的根本追求。随着"新课程新教材"的推进,教育工作者的知识观和教学观正在转型之中,新的教学改革强调综合运用多种方式建构、多条路径达成教学目标,并在过程中实现素养培育。但纵观教育教学的现实,与"双新"要求相适应的新教学方式的转变还没有全部完成,因此,激发学生学习活力、转变教师教学方式的内外动力从没有像当下这般高度汇聚。而项目化学习注重发展学生在真实情境中的问题解决能力,强调师生在教学过程中的获得感和成就感,某种程度上改变了传统的课堂教学缺乏知识之间的联系、缺乏整体单元设计意识、没有形成结构化的知识体系等状况,可作为回应"双新""双减"政策的有效学

[①] 本文是项目组2021年提交给教委基教处的年度总结稿,稍作调整。策划:夏雪梅;主笔:吴宇玉。

习方式之一。

一、上海市项目化学习三年行动计划的主旨

回顾上海市项目化学习三年行动计划的指导思想,可以发现,本项目追求的核心宗旨是:

1. 推进义务教育教与学方式变革。项目化学习作为破解当前中小学教育"重分轻德、重知识记诵轻合作探究"困境的重要抓手,是在教学层面落实核心素养培育的重要载体,是国家课程高质量实施的系统举措。

2. 培养学生创造性解决问题的能力。问题解决能力是每个个体面对充满不确定性的世界的核心能力,如果在问题解决过程中,还能融入创造性的方式方法,形成个性化的成果作品,便能赢得应对未来世界的先机。

这种变革和培育,最终是为了提高义务教育质量和激发学校办学活力,也是回应当今时代背景下,对教育内涵发展的期待。

二、项目组形成的认识和理解

根据文件精神和项目目标,结合前期积累的经验,项目组在研究和实践推进过程中愈发认识到项目化学习的价值和意义,形成对三年行动计划的理解。

(一) 项目化学习是什么

在第一轮三年行动计划中,项目化学习的指向是创造性解决问题能力。项目化学习是以校长为核心的教育教学团队,在课程设计和实施过程中,设计真实、富有挑战性的驱动性问题,引导学生持续探究,创造性地解决问题,形成相关项目成果。在此过程中培养学生创造性思维、批判性思维、团队合作等重要的终身学习能力,促进学与教方式变革和教师专业成长,从而提高教学质量。

上海实施项目化学习主要有三种类型,学校可以根据学生认知特点与知识结构,结合学校原有办学基础,进行选择性实践和研究:一是活动项目化学习,即在

学校的综合实践活动、劳动教育等各类活动中融入项目化学习要素,引导学生观察生活,提出问题,培育学生创造性思考、灵活解决问题的能力;二是学科项目化学习,是指基于课程标准,设计与学科核心知识相关的驱动性问题,引导学生在学科学习中自主或合作探索,激励学生深度理解学科核心知识、提升学科能力、培育学科素养;三是跨学科项目化学习,是指基于课程标准,整合不同学科的知识和方法,加大跨学科项目的实践和研究,建立各学科之间的有机联系,以系统的思维解决真实问题。①

(二) 指向创造性问题解决的项目化学习的重心是什么

义务教育阶段的学生应该重点发展什么样的创造性?项目组根据创造性的理论,将人一生中的创造性(Creativity)分为学习过程中的微C、日常生活中的小C、专业领域中的专C和杰出人才的创造性大C。我们认为,义务教育阶段应该重点培育创造性的微C和小C,提前让学生感受和经历像专家一样思考的专C。人的创造性,固然有先天遗传因素的影响,但学校可以尽可能创设环境以呵护学生天生的好奇心,营造更宽松更有质疑精神的文化。② 创造性问题解决的能力很难通过传统的教学方法习得,项目化学习提供了新的可能性,即学生对真实而有挑战性的问题进行持续探究,创造性地重构知识并解决问题,形成富有创意的成果。

(三) 项目化学习的设计要点是什么

如何在高度结构化、制度化、知识导向的教育系统中,进行指向素养的学与教转化的系统设计?项目化学习一改传统教学仅注重落实教材中的知识点的做法,整合了知识与知识、学生与知识、学生与学生、学生与老师等多种关系,聚焦核心知识设计出能激发学生学习兴趣的驱动性问题,围绕问题持续深入探索,最终在富有创造性的问题解决过程中形成有价值有意义的产品。

项目化学习的设计始终指向学习素养和学科核心素养的培育,双线并进,相

---

① 夏雪梅.项目化学习的实施:学习素养视角下的中国建构[M].北京:教育科学出版社,2020:94.
② 夏雪梅.指向创造性问题解决的项目化学习:一个中国建构的框架[J].教育发展研究,2021,41(06):59—67.

互促成。在学科核心素养培育的落实上，从相对抽象、高位的大概念出发，对接单元核心知识与能力，整合知识点之间的关系，从而创造性地运用知识解决问题。在学习素养的养成上，引导学生发现知识与真实世界之间的关系，并对知识和能力进行再建构，并在行动中运用新知识产生新能力，最终综合性地解决新问题。

在可见的操作层面，为了使研究者和实践者能够真正把握实践流程，项目组提炼出了六个主要步骤，聚焦在形成本质问题、创设驱动性问题、分解驱动性问题并在深度探索中创造性解决问题，这是项目化学习中区别于传统的知识习得和技能获得的学习经历。

（四）项目化学习的实施样态是怎样的

其一，按照项目化学习所覆盖的知识范围的大小，将学科项目划分成不同的项目样态，从小到大分别为学科微项目、学科单元项目、学科跨单元项目、学科跨年级项目。当然，在学科项目探究过程中也可能涉及其他学科，运用其他学科的知识作为支撑，但问题解决的主体知识仍然在某一学科内，且这一探究过程指向对这一学科本质的学习和理解。

其二，不同的项目样态根据教材内容原有编排顺序进行二次开发，引导教师从僵化地"教教材"转向创造性地"用教材"，从真实问题或主题而不是一个又一个学科知识点的角度进行统整设计。在实践过程中，不同项目样态的划分，突破了课时如何安排、教材内容如何活化以及教师死教教材的困境，使教材和项目的逻辑适切整合，教师也不会感觉是额外负担，从而打通了课程标准、教材与课堂教学之间的联系，同时也突破了学科教学过程中学生机械学习的困境，改变了课堂教学的样态，促进了项目化学习常态化的开展。

（五）项目化学习对"双新"有什么价值和意义

当前学校还存在过度考查孤立知识的掌握、教学方式以单向传授为主等现象，学生的复杂问题解决能力、系统的高阶思维生成、社会性情感技能都较为薄弱，项目化学习可以引导学生在真实情境中运用所学知识和能力创造性地解决问题。"双新"背景下的教学变革将更加注重坚持素养导向、强化学科实践、推进综合学习、落实因材施教。

如何基于课程标准将零散的知识技能目标升级为素养导向的教学目标；如何将讲授教学转化为学科实践，将单科单课教学转化为综合深度的学习设计；在大班额的背景下，如何锻炼教师团队，让不同的学生在新的学习样态中获得多维度的成长，这些挑战将在项目化学习中得到回应。项目化学习一改传统教学仅注重落实教材中的知识点的做法，整合知识与知识、学生与知识、学生与学生、学生与老师等多种关系，聚焦核心知识设计出能激发学生学习兴趣的驱动性问题，围绕问题持续深入探索，最终在富有创造性的问题解决过程中形成有价值有意义的成果。实施项目化学习，有利于应对当前学校课程实施中学生主动性和积极性缺失等问题，从而让学校的发展更具有教育活力，更好地发挥学校为学生素养奠基的功能，最终高质量实施国家课程。

三、上海市项目化学习推进的策略与经验

基于以上认识，对照文件中的任务推进表，本项目在推进过程中，通过"先理论模型，再小规模实践，在实践中优化理论，再选取多种类型实践，对比实验验证，再大规模转化"的方法，将研究成果在实践中进行应用检验，并将推广应用作为实践检验和深化研究的过程，从而不断丰富和深化成果。

（一）如何"学会做一个项目"：构建以关键问题为指向的"项目化、参与式"的多维培训指导

种子教师工作坊是落实三年行动计划的重要举措。用项目化的理念，以项目推进的方式，让种子教师经历项目化学习设计与实施的培训，真正体现了做中学、学中用，在项目中经历和理解项目化。第一批遍及全市的种子教师共154名。其中，每所市级种子校2人，每所市级实验校1人，每所区级实验校1人。种子教师工作坊是项目组推进工作中的一项重要举措。通过培育少而精的"种子"选手，带动和孵化一批有志于在项目化学习常态化实施中进行长期探索的教师。以2021年度为例，共举办三场线下集中培训和数次线上指导，种子教师们经历了一轮完

整的项目设计和实施的培训,在工作坊中诞生、完善、实施并撰写了规范、真实的案例。工作坊共收到152份作业,评出53个优秀案例,将在2022年初进行颁奖。市级种子教师是成千上万教师中的代表,他们作为燎原之星火,把在工作坊中学得的操作技能、悟到的思想理论去传播和点燃更多的人。

(二)如何充分探讨关键问题:以种子学校为先锋,召开多场指向关键问题的工作坊和专题研讨会

市级种子校15个子课题研究贯通理论和实践。15个市级种子实验校作为三年行动计划攻坚队,相较于一般学校而言,市级种子校不仅在管理和推进上投入了更多的人财物,而且在研究上引领方向。每个市级种子校都立项了呼应三年行动计划目标的子课题,以创造性问题解决为主方向,以各校已有基础和特色为起点,围绕项目化学习开展过程中的核心问题展开研究。各种子校都组建校级研究团队,在项目组的指导下开题,并以中期报告为载体,总结和提炼阶段性的研究成果。

表1 市级专题研讨会汇总

学校	课题名称
华东师范大学第二附属中学附属初级中学	源生·生成——创造性问题解决项目课堂样态研究
黄浦区第一中心小学	指向创造性问题解决的数学学科项目化学习课堂样态实践研究
上海福山外国语小学	指向创造性问题解决的学科项目化学习课堂样态
上海师范大学附属第二实验学校	基于项目化学习中创造性解决问题能力评价的行动研究
上海市虹口区广灵路小学	基于创造性问题解决的活动课堂样态研究
上海市静安区和田路小学	在劳动教育中运用项目化学习的实践研究
上海市卢湾中学	跨学科视域下初中项目化学习的设计与实践
上海市民办协和双语尚音学校	指向创造性问题解决的项目课堂样态的实践研究
上海市杨浦区杨浦小学	指向创造性问题解决的小学数学学科项目实践活动设计研究

续 表

学校	课题名称
上海市长宁区天山第一小学	指向创造性问题解决能力的过程性评价在项目化学习中的研究与实践——以《上海 ART DECO 之旅攻略》为例
上海外国语大学附属外国语学校	创造性问题解决项目课堂样态的实践研究
同济大学附属实验小学	指向创造性问题解决的小学美术项目生成与实施
上海市世外小学	基于 STEM 学科面向创造性问题解决能力的项目化学习研究
洵阳路小学	Moodle 环境下小学高年级科学课指向创造性问题解决的 PBL 设计与实践
上海市高安路第一小学	指向创造性问题解决的学科项目学习支架设计——以人文艺术领域为例

在推进过程中,不同学校不同教师遇到的关于项目化学习设计和实践的问题,既有共性问题,也有个性问题。项目组综合不同学校的情况,汇总教师面临的认知困惑和实践障碍,指导学校和教师开展聚焦推进过程中遇到的关键问题工作坊和专题研讨会,就某一具体问题探讨其在学理上的逻辑性和行动中的操作性,带动全市项目学校投入其中。以下分别为工作坊和研讨会汇总表。

表 2 市级种子实验校工作坊汇总表

时间	学校	关键问题
2020 年 12 月	同济大学附属实验小学	活动项目和日常活动的区别是什么?什么样的活动出项成果能够体现学生的创造性问题解决?活动中怎样的探索历程能够体现学生对概念的不断理解?
2020 年 12 月	杨浦小学	学科项目化学习中的驱动性问题如何设计?
2020 年 12 月	上海市民办协和双语尚音学校	什么是好的跨学科项目?如何进行项目反思和迭代?
2020 年 12 月	上海市卢湾中学	初中学校如何结合自身发展的特点,来推进项目化学习?
2020 年 12 月	上海市静安区和田路小学	教师进行项目化学习的整体思路是什么?
2021 年 4 月	上海市长宁区天山第一小学	如何在项目化学习中激发学生的创造性?

续表

时间	学校	关键问题
2021年5月	上海市世外小学	如何关注学生差异并在学生碰到问题的时候提供合适的支架？
2021年5月	上海外国语大学附属外国语学校	教师如何提供支架帮助学生达成对核心知识的落实？
2021年6月	华东师范大学第二附属中学附属初级中学	跨学科的特征是什么？跨学科项目化学习实施的样态是怎样的？
2021年6月	洵阳路小学	怎样增加项目的真实性和驱动性？如何在评价中照顾到学生个性差异？
2021年9月	上海福山外国语小学	指向大概念学习的数学项目设计与实施
2021年10月	上海师范大学附属第二实验学校	什么是好的学科项目的入项？ 如何搭建学习支架？ 学生对有挑战性的问题不知如何入手怎么办？ 什么是好的知识与能力建构？（构建指向成果的评价标准） 什么是好的知识与能力建构？（指向"有效失败"？） 什么是好的合作探究？ 如何进行成果的评论与修订？ 什么是好的反思复盘？
2021年12月	上海市高安路第一小学	学科项目中如何进行知识与能力建构？
2021年12月	黄浦区第一中心小学	指向创造性问题解决的数学学科项目课堂样态实践研究
2022年1月	上海市虹口区广灵路小学	"F&5F"活动项目实践样态

各市级种子实验校研讨的关键问题直击项目化学习的根本内涵、操作要点和学校在推进过程中遇到的真实困惑。有些是从设计者的角度出发，探讨三种类型的项目化学习类型的异同点；有些是从实施者和学生的角度出发，关注不同环节（入项、探究、反思）的核心任务；有些是从教师专业发展的角度出发，辨别不同教学方式带来的不同成长；有些是从学校管理的角度出发，研究配套的保障措施该如何设计，等等。

表3 市级专题研讨会汇总表

日期	关键问题	学校
2019年9月	表现性评价工作坊	斯坦福大学—上海市民办协和双语尚音学校
2019年11月	项目化学习中的教师专业发展	上海市嘉定新城实验幼儿园
2019年11月	学科中的项目化学习	杨浦小学
2020年1月	跨学科的项目化学习如何开展	上海市卢湾中学
2021年5月	项目化学习中的问题链设计	上海市嘉定区实验小学
2021年6月	促进创造性问题解决的学习支架设计	上海市徐汇区西位实验小学
2021年11月	馆校资源如何融入项目化学习实施中	上海市嘉定区普通小学
2021年11月	指向驱动性问题解决的问题链设计实践研究	上海市浦东新区北蔡镇中心小学
2021年12月	项目改造活动,支架助力学习	上海市嘉定区华江小学
2021年12月	项目化学习中的学科逻辑与项目逻辑	位育初级中学

近三年来,由项目组主办、实验区指定学校或其他实验校承办的市级专题研讨会更聚焦项目化学习本身的核心问题,比如评价如何实施、驱动性问题如何设计、子问题如何分解、支架如何匹配等"硬骨头"。不同学校根据各自面临的不同问题,结合不同的未来规划,迎难而上啃下这些硬骨头,为其他区域或学校的推进工作做好心理准备或扫除行动障碍。

(三) 如何进行大规模的分层分类指导

1. 平台资源库开发和使用:快速普及并深度跟进

为满足不同熟练程度的教师进行规范、完整的设计,为提高教师在设计过程中的效率,为其提供及时且个性化的指导服务,扩大项目化学习的普及面,项目组联合专业技术公司开发全国项目化学习案例平台,于2020年开始运行。这个平台不仅是一个资源库,同时兼具设计、指导和评审的功能。

(1)作为设计平台。基于对国家课程方案的研究和上海实践的经验,项目组将项目化学习分为活动项目化学习、学科项目化学习和跨学科项目化学习。平台呈现了这三个项目类型的设计模板,教师可以根据不同的基本结构和设计要点进行设计,能很快上手。

(2) 作为指导平台。如何提供更高频次、更有针对性的指导,在线平台无疑是个高效的方式。教师在平台上进行案例设计,他可以选择公开的方式来呈现自己的设计过程,专家可以在线翻阅,进行分析和诊断,提出建设性意见。教师收到反馈信息,可以与专家进行互动,就具体的问题展开交流。

(3) 作为评审平台。为扩大项目影响力,把握全国各地在项目化学习探究上的进展,也为了更好地输出上海经验,项目组组织全市和全国的案例评比,平台可以根据案例类型和内容匹配专家库里的不同专家,随机推送案例,保证公平公正,并留痕评审过程。

到 2021 年底,使用平台的学校已达 200 多所,提交案例 800 个左右。项目组开发和建设了项目化案例填报和评审的平台系统,普遍面向广大教师。平台作为一种便捷的载体,适用于大规模推广,方便所有愿意尝试项目化学习的老师上手操作,在平台上按照模板进行设计,在实施过程中填报内容,专家对这些填报内容进行个性化指导和过程性评价。口口相传的推广毕竟有限,在线标准化模板的使用使得普及和推广突破时空限制,能够快速普及并深度跟进。

2. 分类指导和分层实践:尊重教育现实且遵循育人规律

对项目化学习实践过程中的问题分类攻坚突破,开展迭代实验。针对如何常态化开展项目化学习的问题,基于国家课程方案,结合不同课程类型特点,形成了活动、学科和跨学科等三种项目类型,使得学校和老师着手项目设计时能够有据可依、量力而行。项目组在对各类案例进行指导时,也有相对清晰的操作要点。从研究和实践的深度与难度来说,实验区和创建区、种子实验校和项目实验校,分别承担着不同程度的任务,比如实验区每年要承担两次市级专题研讨,种子实验校都要立项一个子课题,探讨项目化学习中的关键问题和操作难点,从中挖掘典型。以研究引领实践,用实践反哺研究。这些做法都是对教育现实的尊重,减轻学校和教师的负担,从现实出发,从育人规律出发,进行力所能及的探索。

(四) 如何研制项目化学习行动指南

1. 广泛听取意见,汇聚研究者和实践者共同的智慧

在推进过程中,我们发现,行动指南的研制是项目可以在更广泛程度上落地的保障。有了行动指南,无论对校长的学校管理还是对教师的课堂教学来说,都可以找到明确的方向和路径,从而更为精准深度地推进实践。

项目组召开分别主攻活动项目化学习、学科项目化学习、跨学科项目化学习的学校校长、负责人的五场分类研讨会,明确他们共同关注的问题,并聚焦其中的关键问题进行研讨,同时邀请种子实验校的校长作为实践专家共同参与其中,就各项目类型的设计和实施要点、每类项目的内涵、课时、校长职责,如何与"双新"、国家课程的高质量实施相整合等关键问题进行研讨。

项目组组织市级种子实验校和项目实验校校长专题研讨,充分了解一线的需求,听取他们的期望。项目组还召开一场区负责人会议,四场不同类型项目的校长会议,探讨校长们关心的重要问题,就实践中遇到的最为迫切的操作性问题交换意见,为指南研制奠定基础。

2. 形成基本框架,推进指南撰写

在汇总各方意见和建议后,项目组已形成基本的指南结构,包括三类项目化学习的类型是什么、学校的研制路径是什么、教师如何能设计出一个规范的项目化案例、到底如何在课堂教学中实施项目案例、典型的样例是怎样的,等等。行动指南从实践探究中来,又反哺实践走向更为宽广的领域。

(五) 如何判断项目化学习的本土质量并构建质量标准

如何构建本土的项目化学习质量标准?如何用这样的标准支持实践者产生更高质量的项目化学习?我们需要形成对于高质量的项目化学习特征的共识,共同提升中国项目化学习的整体质量。

依托国家课题"项目化学习的中国建构与质量评估",项目组分析国际上已有的项目质量评估标准的特征与不足,结合迁移和情境研究、学习投入研究、创造性问题解决、学习支架、教师指导、有效失败、实施干预等相关领域的研究基础,结合项目实施中的关键问题,构建用于发展指标的理论框架。项目组提炼教师在项目

设计和实施中的问题、观点和经验,对不同教师进行访谈,对访谈材料进行分析,研制出指标。在水平构建上,有自上而下的理论分解,也有自下而上的提炼,并进行两轮德尔菲法修改与完善。

在本土教育情境中,项目化学习的质量标准有项目设计、教师支持、学生学习三大维度和13个关键指标。在项目设计维度,需要关注包括"真实问题"等5个关键指标;在教师支持维度,需要关注包括"评价反馈"等4个关键指标;在学生学习维度,需要关注包括"问题解决"等4个关键指标;围绕标准,项目组形成了水平划分、评估工具和典型样例库的建设。

项目组构建的素养视角下的质量指标有以下核心特征:

1. 立足本土教育情境,根植于关键问题的研究。 国际上的项目质量标准难以直接在我国直接使用。研究根据我国关注的项目化学习中的关键问题,构建了适应本土的项目化学习的质量标准。

2. 质量标准提供指标、水平、典型案例,呈现了项目质量从低到高的水平进阶的序列。 在每个关键要素上,我们进行了指标的细化、水平的描述,同时我们也提供了各个维度上的典型案例,相当于建立一个从低到高的变革等级,支持项目实践改进的进阶序列。

(六) 如何将成果宣传推广并辐射到长三角和全国

1. 微信公众号"预见学习"是项目组主办的发布项目研究成果和各类信息的主阵地,自文件发布之日起至2021年底,共发布42篇有学术含量或实践心得的文章,其中既有项目研究的阶段性成果,也有项目设计和实施中关键问题的研讨和破解,还有实践过程中从区域到校长及教师的各类经验、心得和成长故事,较为立体地反映了项目研究和推进的进度和动态。

2. 基于上海学习素养课程研究所的机制,项目组进行了成果转化和推广的尝试,与江苏徐州、无锡,浙江宁波等地进行深度合作,验证项目阶段性成果如何达成普遍意义上的成效。借助全国联盟校的平台,北京、山东、河南等地采用本成果中的项目化学习设计与实施框架、项目分类等内容进行教学实践。本成果在各地学校得到应用与推广,广受师生好评。

四、师生和学校的获得感和体验感

(一) 教师理念转变与实践认同

接触并接受和实践项目化学习,很多教师经历了从排斥到接受、从迟疑到认同、从不会到会的过程,但一旦进入深水区,他们似乎就自动生成了内驱力,变得勇于尝试,敢于反思,勤于改进。教师在介入的不同阶段会遭遇不同的问题,诸如"我不知道如何做起""我做得对不对""我如何做才能做得更好",这些问题的解决过程即教师融入项目化的过程。

老师们在这个过程中的确感受到了学生的变化和他自己在教学方法上的改变……整体感觉下来,我们做得很开心,虽然很累,但是老师们觉得还是很开心,而且很积极很踊跃……你说性价比高吗?对于领导来说性价比很高,没有给到我们什么钱,但我们老师不在乎这种东西……我们通过项目化学习感受到核心要素,这是中国老师一种成长的历程。(上海师范大学附属第二实验学校校长方蕾)

在2020年第一次听到并接触项目化,发现原来上课也可以这么有意思,既能让学生真正学到知识与技能,又能拓展学生的视野,锻炼学生的操作能力、交际能力、协作能力等,以适应社会需要。

从别人的项目化到自己着手实践,已记不清自己内心纠结挣扎多少次,一次次的否定自己,一次次的重新修改,依然有无数次怀疑自己的能力与水平。(上海市嘉定区华亭学校 黄瑞霞)

如果让我说出自己对项目化学习的理解,它有大致的设计框架和实施样态,但是它是动态的,充满了自我革新的能力。

它能帮助我们透过零碎知识捕捉到知识背后的大概念,能帮助我们从真实的学习经历中对课程标准进行整体上、宏观上、更高意义上的把握,能让孩子们感受到或许学习不是一件苦差事,能让老师感受到或许自己不仅仅是一个批改作业的

"工具人"，原来自己可以做更多……（上海市嘉定区华江小学　陈凤玲）

"我的努力求学没有得到别的好处，只不过是愈来愈发觉自己的无知。"在本学期的项目化培训中，我的脑中无数次盘旋着哲学家笛卡尔的这句话。每一次培训都仿佛在我面前推开一扇崭新的大门，让我对项目化学习有了新的认知。

核心概念、核心知识、核心能力、本质问题、驱动性问题、高阶认知等，作为一名学校跨学科课程的一线教师，这些内容、知识点有些我知道，有些在日常的授课中有所涉及或了解。但通过培训，这些内容就像一颗颗珍珠，被导师们用一根无形的线巧妙地串引在一起，变成了一条美丽的珍珠项链。那些在我脑中散落的知识点有了联系，形成了系统。

虽然我依旧在本质问题和驱动性问题的切入点上有所欠缺，跨学科项目的子问题也依旧有很多不足之处。但也正因为有这些不足，才在这短短的几次培训中，每每总有醍醐灌顶、恍然大悟的感觉。（上海市浦东新区世博家园实验小学　刘晓震）

其实在项目化设计阶段，我们往往会犯一个错误，那就是学生的想法和观点往往被忽视。课程的设计是为了促进学生的发展，但课程的设计并没有听从学生的声音。现在的学生往往对劳动比较排斥，但又对新鲜事物、高科技的事物特别感兴趣，结合学生的想法，开展科技劳动的项目化学习活动，解决教室内的实际问题，让学生感受到科技的力量、劳动的力量和学习的力量，每一个学生都可以成为自由的学习者、创造者。

项目化学习并不需要教师在课堂上讲得天花乱坠、活灵活现来彰显你的博大精深，更多需要的是学生的声音、学生的观点，将枯燥的"知识"转化成一个个有趣的"话题"，设计一连串有深度、有梯度的问题，引导学生进行不断的思考和探究，将实践活动和思维创想进行不断的碰撞，形成具有学生特色的项目化成果。项目化学习，是师生的且行且思、且思且行，更是幸福又美好的教育故事。（上海市奉贤区教育学院附属实验小学　夏晨辉）

(二) 教学方式转变后的学生成长

如何鉴别项目化真正触动了学习的本质、教育的本质,就看师生投身项目化学习一段时间后,在学习能力、学习品质、身心健康等方面是否发生真实改变。

华东师大教育心理学系和项目组曾对徐汇区进行课堂评估,分析发现:项目学校的课堂在以任务驱动解决真实情境的问题、激发学生批判性思考和创新想法等方面,50%以上学校能达到3分以上(5级评分标准);在合作解决大问题、以大概念为组织结构进行单元设计等方面,75%以上学校达到3分以上(5级评分);教师在作为设计者和引导者的表现上,均分达到3分以上;学生在团队合作、有效沟通与管理和产生有价值有意义的成果表现上,均分达到3分以上。在素养测评中,实验组在学习能力、学习品质和身心健康三个维度上的得分均明显高于对照组,说明项目化学习在客观上能促进学生素养培育。

上海的项目化学习在研究和实践中形成了既能回应国家课程标准又有操作性的设计框架、实施流程和评价体系,学校和教师可根据已有基础和不同目标进行不同类型和样态的尝试。经过系列探索,在师生成长、政策制定、专业引领和国际影响上,都将有实质性的表现和增值。

第一部分

活动项目导读：如何设计与实施活动项目[①]

一般来说,活动项目从学生身边的学习和生活中的真实问题出发,可以在综合实践活动、校本课程、课后服务时段开展。活动项目具有很大的开放性,蕴含着学科和跨学科项目的萌芽。活动项目的设计实施关注学生如何创造性地解决日常的真实问题,从提出问题、理解问题到形成初步成果、交流讨论,最终形成出项成果。对刚刚接触项目化学习的师生来说,能够在活动项目中经历思维培育的过程。活动项目的内容可以是直接来源于学生,也可由学生提出问题,再由教师对问题进行完善后成为班级的活动项目,甚至可以是更大范围内的全校性活动项目。

一、活动项目化学习对教师的挑战和意义是什么

对习惯进行单一学科教学的中国教师来说,设计和实施活动项目有新鲜感,同时也有迷茫感。虽然可以借用以往开展主题活动的经验,但也迎来了全方位的对教师综合能力的挑战。活动项目让教师有了一次类似做"项目经理"的机会,一方面要协调各类资源和主体,使得这些资源能为我所用、这些主体能深度卷入此项目;一方面要让渡决定权给学生,让学生在充分自主和可行方案之间找到平衡点。活动项目的设计和实施虽然很考验教师的知识储备和眼界视野,但也让他们的聪明才智有了施展的舞台,综合运用已有能力统摄和驾驭整个活动,看到在教学方式转变中学生的学习激情被点燃,感知到自己在过程中对教学有了新的认知,这种未完待续且意犹未尽的状态,充满了实实在在的成就感。

[①] 该部分作者为吴宇玉,夏雪梅共同参与讨论。

二、学生在活动项目化学习中会有怎样的获得感

对学生来说,能在活动项目中真正地解决一个问题,在这个解决问题的过程中,不仅充分调动了自己已有的知识储备,而且以现学现用、边学边做的方式经历了新知识的学习和新能力的生成,最终又以成果的形式呈现了整个活动的所得,这是有价值感的。在充满趣味性的情境中以玩中学、学中乐的方式来展开问题探究,无疑能引发学生的好奇心和求知欲,在他们用已有和现学的知识和能力去完成力所能及的作品、解决适切的问题、呈现齐心协力取得的成果时,那便是学习的高峰体验。如果过程中还产生了个性化的创意,或者解决问题的方式带有创造性,那就能驱动学生进行相关主题的持续学习,无形中学习的溢价效应就产生了。在以往的活动中,教师依据教材内容或学校要求发起活动,学生只是作为参与者。而在活动项目中,学生很有可能就是问题的提出者,他们从自己的兴趣出发,在教师的有效支持下,按已有水平去理解问题、分析问题、寻找问题解决的可行途径。这种体现学生立场的问题孵化过程,更能激发学生探究欲望。

三、活动项目化学习的本质特征是什么

活动项目是学生从身边学习和生活出发,对日常情境中的真实问题进行探索,鼓励学生创造性解决问题的项目。

(一)如何理解活动项目化学习面向学科但又不是学科项目化学习?

因为它的目标不是获取学科知识,而是观察和剖析生活中的问题,在经历创造性问题解决的过程中完成思维的进阶,而学科项目要求学生深度理解学科核心知识,在探究中运用学科关键能力,在出项成果中体现学科核心素养,落实国家课程的高质量实施。活动项目对知识和能力的建构的要求并不高,无需精准对标学科单元目标,有更大的包容空间。总体来说,学科项目关注学科素养的培育,而活动项目指向学习素养的养成。

(二) 如何理解活动项目化学习涉及不同学科但又不是跨学科项目化学习？

这是由活动项目和跨学科项目的不同特征而决定的。活动项目和跨学科项目在某种程度上"长"得很像，都会涉及不同学科的知识和能力，内容相对比较宽泛，形式都很多样，都触及学习和生活中的真实问题。活动项目和跨学科项目最大的区别是项目目标不一样，活动项目重在培育学生的创造性思维、系统分析能力，而跨学科项目要回应不同学科的具体教学目标。另外，在问题解决过程中，对某一个专业问题到底要探究到什么程度，也是辨别活动项目和跨学科项目的途径。活动项目的探究可能会运用到专业的知识和能力，但只要达到"为我所用"的程度就行，而跨学科项目对专业问题的探讨则要对接教材单元目标，甚至超越单元目标。

四、活动项目化学习从哪里来

一般来说，教师对开展主题活动较有经验，从制定目标、安排进程到确定成果等，基本都由教师制定。而项目化学习的设计，需要教师转变视角、调整角色，引导学生从他们的立场来提出问题、理解情境、找到大概念，从概念出发分析问题，并提出问题解决的方向，经过探究和行动形成成果。对大多数教师和学校来说，从主题到问题的改造和转化，从教师主导到师生共同商讨决定，是孵化活动项目的大方向。

(一) 从学校原有的传统活动或特色活动中改造而来

绝大多数学校都积累了不少以主题形式开展的活动，有些是彰显学校特色的活动，比如一年一度的科技节、读书节、体育节、艺术节等；有些是几乎所有学校都在开展的传统活动，比如跟中国传统节日有关的新年游园会、端午节、中秋节、重阳节，跟爱国主题有关的迎国庆等。这些主题活动跟活动项目有一定的相似性，具有改造的基础，比如，都聚焦一个主题，围绕这个主题设计活动，活动内容和形式丰富多彩。但本质的区别是，主题活动侧重学习体验，形式热闹而深度不够，而活动项目则会设计问题,侧重对问题本身的深度分析和讨论,最终既解决问题又形成成果。

例如:体育节或运动会几乎是每个学校的固定活动,每年在春秋季举行,分年级分类型开展,在学校和教师的策划和组织下,经过半天或一天的赛事,最终在每个项目上评出等第。在某种程度上,这种活动只是扩展版的体育测试,大多数学生完成教师安排的任务,少部分学生得到表彰,而关于运动规则如何制定、如何在运动中保障安全,乃至体育精神的讨论,都不在体育节或运动会设置的内容中。上海市实验学校附属小学设计和实施过一个以体育为主的活动项目,是请四年级学生为低年级学生设计一个校园亲子运动活动。这就需要学生代入设计者或策划者的角色,去了解低年级学生需要掌握的体育知识和技能是什么,如何基于他们现有的水平去设计充满趣味性和挑战性的运动项目。在每个运动项目的设计中,如何形成规则、体现公平、考虑安全因素等等,这些都是综合性的考验。同时,也要关注迁移能力的生成,这次是为低年级学生设计,下次可以为其他人群设计;这次设计了在操场上的运动项目,下次设计出在其他场地上的运动项目。

(二) 从校本课程或拓展课程中转化而来

在同质化的课程体系下,各校各班都有相应的大队部活动、道法活动和班会活动,这些活动已经是常规活动,在特定的时间和主题下需要完成对应的内容。比如雏鹰小队活动,属于少先队的常规活动,近年来有不少爱国主义或地方文化研学专线;还有公益活动中跟环境保护有关的主题,如低碳环保、节能减排甚至热门的碳中和,跟献爱心有关的主题,如关爱特殊人群、资助贫困学生等;还有在越来越热门的科创领域,以3D打印、少儿编程为主的集设计与操作一体的课程。这些课程可以向活动项目转化,以问题来引领探究,把操作流程转换成子问题分解和创造性地解决问题的过程。

例如:上海市嘉定区方泰中学的"蔷薇巷"项目就是从原有的社会实践活动转化而来的。陆巷社区是该校社会实践活动的共建单位,以往每年学校都会在寒暑假和节庆日组织学生前去参加各类活动,以此熟悉身边的社区,了解社区的功能,加强与社区的联系,但这样的活动难免重形式而轻内容。从了解陆巷到探究"蔷薇巷",项目化学习的设计和实施使得此次活动成为培养学生成为一名合格的社区居民和社会公民的良好机会,也使社区生活成为教育内容本身。陆巷改造成"蔷薇巷"的成功秘诀是什么、身处其中的居民有什么样的体验和看法、如何让社区成为家园等,这些真实问题的分析和探讨触及学生思维的质量,同时培育他们作为社区一分子的责任感和担当。

(三) 从社会现实的困境中思考而来

跟进社会热点问题,比如:垃圾分类、光盘行动或营养膳食、疫情下的学习和生活、劳动教育,等等。这些问题是大家共同面临的大问题,都是每一个当下的"显学",没有现成的答案,没有统一的标准,但是不同学段的学生都可以探究的问题。因为问题有普遍性,所以解决的方法就有高价值;因为问题比较庞大,所以不同的人可以从不同的切入点寻找富有创意的解决途径。这类项目资源可以从不同时期国家和社会面临的不同问题里面筛选,用项目化学习的方式去设计,用小项目撬动大问题,促使学生像专业人士那样思考社会问题,培育社会责任感。

例如:手机是当下社会绝大多数人必备的工具,使用频率之高、时间之长都前所未有。它给我们的学习生活带来便利的同时,也悄无声息地影响着每个人的身心健康。青少年如何使用手机,是长期困扰家长和教师的一个问题。上海市静安区教育学院附属学校就这个问题设计了"手机利弊面面观"的活动项目,从了解学生的真实想法和使用情况出发,通过调查问卷、实地访谈、数据分析等途径来了解手机的特点以及使用手机对人们的影响,从而引导学生合理规划时间。

又如:校门口的拥堵现象是很多学校上学和放学时面临的难题,拥挤的场面存在安全隐患,影响师生和家长的体验。大多数学校和家长也曾采取过一些措施,但一般实效不佳,甚至还带来新的问题。上海市浦东新区张江高科实验小学面临同样困境,如何保障学生的安全出行是摆在师生面前的现实问题,在教师的引导下,学生纷纷提出自己的观点和想法,共同促成活动项目"学校门口的安全出行"。从分析造成拥堵现象的原因、了解可能出现的安全问题、搜集道路安全的基本常识到设计安全出行的解决方案,学生不仅深度参与解决身边的问题,同时也生成问题解决的迁移能力。

(四) 从儿童的好奇心中孕育而来

儿童天然有好奇心。他们对身处其中的世界有无穷的"为什么"。这种原始的好奇和真实的疑惑,是生发活动项目的"蓄水池"。除了教师愿意以儿童的角度去看世界,从而设计出符合儿童视角的问题,儿童自身在看世界的过程中生成的问题也是探究世界最好的起点。从儿童随时随地发出的疑问中,有些可以直接作为活动项目的驱动性问题,有些可以改造成驱动性问题,有些可能只是某个驱动性问题的引子。真正秉持儿童立场的教师和家长,如果有意识去捕捉儿童随时闪现的"为什么",就可以孵化出很多有意思的项目。

例如:新冠肺炎疫情暴发已两年多,疫情考验着社会的方方面面,引发人们思考新形势下的新问题。危机也是学习和思考的契机,儿童和成人都会对造成危机的背后原因感兴趣。2020年疫情之初,因为传闻市场上售卖的某种动物可能是传染源,于是一时间就"野味为什么成为某些人的目标""某些动物是否适合人类食用"等问题有了很多讨论。当时,上海有位小学生提出"为什么他们什么都吃"这一问题(该项目的详细版本见微信公众号"预见学习"2020年),这是他的真实好奇。从这个问题出发,提出自己的假设,然后展开一系列的探索:搜集不同类型的信息,获取不同的观点,证实或证伪原先的假设,进一步寻找更深层的答案,等等。探究过程不完全是线性的,如何高效地找到可靠的信息、如何区分观点和事实、如何阐述自己的想法,都是可能随处碰到却又没有固定答案的问题。因为项目来自儿童的真实疑惑,一个个接踵而来的问题都自然而然产生,儿童解决问题的意愿无需成人刻意引导。

总之,不管以哪种路径孵化活动项目,问题导向的学习探究都为进一步落实学校的亮点或特色提供了可能。

五、活动项目化学习的设计要点是什么

传统的主题活动,主要是对主题内容进行线性安排,根据时空顺序罗列进度。而真正带有项目化学习意味的活动设计,是一种新型知识观下的系统设计。学习素养视角下的项目化学习设计框架从六个维度进行了整合:首先确定核心概念究竟是什么,接着形成需要探讨的本质问题,然后创设一个富有趣味性与挑战性的驱动性问题,同时清楚需要匹配的高阶认知策略,并确认主要的学习实践是哪些,最后要预设项目成果以及成果的公开方式。在这一系列的操作中,还暗含着一条评价线索,即过程性评价和总结性评价的全程融入。立足本土的项目化学习设计系统,是对"主题如何形成问题""学生和知识与能力之间的关系"与"学生和学生之间的关系"的整合,各要素融会贯通、各环节环环相扣,形成闭环。

(一) 项目目标关注素养培育与高阶认知生成

活动项目的目标是综合统整的,主要指向学习素养的培育和高阶认知的形成。学习素养包括但不限于:问题解决、决策、创见、系统分析、实验、调研。培育通用的学习素养的过程,就是引导和支持学生沉浸在问题情境中进行分析、判断、预设、检验等操作。而驱动性问题所蕴含的高阶认知,包括探究性实践、社会性实践、审美性实践、技术性实践、调控性实践和创造性实践,是包含知识、行动和态度的综合性学习实践。学生在问题的探究与解决过程中,其素养养成与各类实践不是割裂的,而是糅合在一起,强调做和学的不可分割性。

(二) 问题设计与项目评价相匹配

在活动项目中呈现出来的探究任务,主要是形成本质问题、创设驱动性问题、分解问题并解决问题,这区别于传统的主题活动。活动项目通过日常现象来引发学生对某个概念的思考和探索,将核心概念形成本质问题,又将本质问题转化为与学生真实生活发生联系的、有趣味的、有挑战性的驱动性问题。一个有质量的驱动性问题,往往没有一个现成的、固定的、唯一的答案,它需要拆解成有逻辑的

序列子问题,子问题的解决是不断汇聚、回应驱动性问题解决的过程。

活动项目中的评价既对学生整个学习历程进行评价,也对出项的成果进行评价。评价什么、如何评价、由谁评价,都需契合项目目标,也就是以终为始来落实每个子任务完成的质量或每个子问题探究的方向与深度。一方面,问题解决是否紧扣核心概念、是否引发学生真实兴趣和问题解决的冲动、同伴间是否展开有效且深入的讨论与交流,等等,这些都直接反映项目设计和实施的质量;另一方面,学生的高阶思维是否真正生成、教师关于学与教理念的转变是否真实发生、创造性是否生成等,这些更为隐性而深层的改变也是活动项目的价值所在。

(三) 过程要聚焦问题和成果本身

活动项目的实施过程通常由提出问题、理解问题、形成初步成果、交流讨论、形成最终成果五部分组成,组成一个结构性的闭环。与学科项目的实施过程相比,活动项目的环节较为笼统,没有细分的时间节点和相应的评价点与学习支架,因为活动项目一般跳脱开具体的教学目标,针对复杂情境中的问题进行综合性解决。提出一个有意义的问题,是活动项目成功的开始。由谁提出问题,或者说如何引导学生发现问题,是值得花时间酝酿的,所以提出问题可单独成为一个部分。理解问题是活动项目的重心,也是创造性问题解决能力产生的前提,不同的学生对同一问题会有不同理解,教师在鼓励学生大胆发言的基础上,还要引导学生对问题进行精准分析,找到解决的方向。初步成果形成后,还要经过表达与分享进行讨论和修正,这需要师生一起对整个项目进行复盘,在回应驱动性问题解决的基础上,进一步提升成果的质量。

六、活动项目化学习的实施要点是什么

(一) 重活动体验,更重思维发展

鉴于以往开展主题活动的思维和做事惯性,多数教师在做活动项目时,依然是按部就班走流程的方式,不够关注活动背后的思维能力发展。比如当学生碰撞出五花八门的主意后,怎么从中筛选适合学生进行探究的问题?在这些探究

过程中学生到底要获得哪些方面的成长？什么样的成果符合学生当前身心发展的水平？这些都是活动项目在设计之初就要考虑的问题，前期考虑得是否深入和全面，决定了后期问题解决的质量，也决定了是否能产生项目化学习所追求的迁移能力。不少学校和教师会考虑到如何在活动项目中带领学生经历过程，关注学生有没有得到好的体验，但对学生的思维有没有得到应有的发展常会忽略。

（二）重项目成果，也重复盘总结

任何类型的项目化学习，都注重经过学习探究后解决问题，同时生成个人成果和团队成果。如果是学科项目或跨学科项目，对成果的评价标准相对比较清晰，即要回应相应学科的核心知识和能力的掌握要求，对标单元教学目标。但活动项目没有明确的关于知识和能力的达成指标，如何判断学生在活动项目中的成长变得颇有弹性，这也是很多教师对活动项目的成果定位感到迷茫的原因，使得项目参与者花了很多精力琢磨成果的形式。基于此，如何衡量活动项目出项成果的质量，还需要师生一起对项目进行复盘和总结。教师需要引导学生对成果进行辨析，讨论好的成果的特点是什么，有所欠缺的成果该从哪些方面进行改善或修正，如果继续迭代本项目，该如何调整关系或补充支架等，这个过程正是在培育学生灵活的思辨能力和扎实的迁移能力。

结语："双减"背景下，活动项目化学习何以成为课后服务的新样态

学生经历一个完整项目的学习需要足够时间和空间，但平时课时有限，课后又不便实施，而"双减"政策的推行，使得项目化学习有可能成为课后服务新样态，用一个个小项目推动学校课后大服务。很多学校已经作了探索和尝试，在课后服务时段实施活动项目，用以提升课后服务的质量，并已取得较好的社会效应。

活动项目天然具有弹性，它可以囊括种类丰富的复杂情境，也可以承接不同学段的能力要求，同一个主题可以对标不同年级，也可以进行放大或缩小来适应

不同时段,又可以根据不同校情学情来调整难易程度。一旦开发出一系列结构化和序列化的经典活动项目,就能由点到面形成燎原之势,在课后服务中让学生经历有趣味、有价值、手脑并用的探究活动,这是契合"双减"政策同时回应"双新"政策的创举。

项目1：从"蔷薇巷"项目探究社区治理的秘密

课程类型及课时数	课程类型	年级	课时数
	活动课程	七、八年级	30
所属学校	上海市嘉定区方泰中学		
设计者	朱佳毅		
实施者	朱佳毅、胡笑龙、薛洋、朱帆帆、杨洁洁		

陆巷社区作为我校社会实践活动的共建单位，每年寒暑假和节庆日，学校都会组织学生们开展社会实践活动。在一次春节送福字公益活动中，学生们再次走进了陆巷社区。在社区沈主任的带领下，学生们第一次遇见"蔷薇巷"就对它充满了求知欲和兴趣，并展开了激烈的议论。而我校也一直秉承着"学校是一个社区，社区就是一个大学校"的教育理念和愿景，希望能打破学校与社会的隔阂，教育与生活的隔阂，培养学生成为一名合格的社区居民和社会公民，陆巷社区成为了两者的纽带。与此同时，我校大多数学生基本居住在像陆巷社区这样的农村别墅，这里既是学生土生土长的地方，也是随迁子女居住的地方，走进社区，就像走进他们自己的家一样。所以，我校决定以学生们的兴趣作为出发点，以项目化学习为载体，联合陆巷社区共同开展"探寻蔷薇巷成功的秘诀"活动项目。

一、为什么做这个项目

方泰陆巷社区因"蔷薇巷"项目在嘉定社区远近闻名。"蔷薇巷"其实是一个以蔷薇为媒介的美丽家园建设项目，在创建的过程加强了居民之间的邻里感情和关系纽带，减少了居民在公共部位"毁绿种菜"的行为，"蔷薇花"如同居民们认养的"宠物",增加了居民对社区公共区域的爱惜之情。

这个项目有别于传统的社会实践活动,纳入了项目化学习设计要素的社会实践活动,则更多地需要我们思考如何培育学生在活动项目中的问题意识、创造性、主动性和批判性等学习素养。在这个活动项目中,我们会看到学生需要自己实地考察陆巷社区,在观察中思考,在实践中体验,在交流采访中联系以往经验,在共情质疑中提出各种真实的问题。比如,为什么社区选择种植蔷薇花?如何发动居民参加?遇到矛盾如何解决?同时他们还需要自己和"蔷薇巷"项目的主要成员进行交流,通过提问、思考、质疑、分析找寻他们想要的答案。特别是在采访环节,为了能找到"蔷薇巷"成功的秘诀,学生们不仅需要确定采访对象、还要学习如何撰写访谈提纲、采访、剪辑等一系列从未接触过的事情,这对学生的挑战是极大的,但学生在这样有趣、真实又充满挑战的活动项目中,系统地、创造性地解决问题的思维不断被培育,探究的精神、质疑的勇气、合作的意识也不断增强,这样的学习素养反哺到学习和日常生活中,"唤醒"了学生的力量,培养了他们的自我性、主动性、抽象的归纳力和理解力,帮助他们成为积极的学习者,成为自我学习者并让他们体会到学习的乐趣,成为终身学习者。

基于以上的思考,我校尝试用项目化学习的方式探索社会实践活动的新路径。

二、项目设计

(一) 项目目标

1. 认识了解"蔷薇巷"项目,理解"蔷薇巷"项目成功的因素。
2. 能通过查阅资料、实地走访等方式发现问题,设计问题清单。
3. 分组进行职业体验,并开展人物专访活动。
4. 能在实地考察和采访实录的基础上,多角度地对"蔷薇巷"项目成功的因素进行分析,并形成探究报告。
5. 分小组汇报小组的观点,在汇报中能勇敢展现自己。

(二) 挑战性问题

1. 本质问题

什么构成了社区？如何发动居民集思广益，共同构建梦想家园？

2. 驱动性问题

方泰陆巷别墅的一个社区自治项目，在"蔷薇巷"项目的推动下，别墅从原先的农村菜园变成了宜居花园，小区的环境有了翻天覆地的变化，在社区建起了美丽的花海，居民的意识和邻里关系也发生了转变，由此陆巷社区不仅成为了"上海市社区民主协商示范点"，还成为了远近闻名的网红打卡地。"蔷薇巷"项目成功的秘诀在哪里？

三、项目实施

（一）入项与问题探究

子问题1：关于"蔷薇巷"项目，你知道什么？

活动项目成立后，学生们自行分成了4个小组，再次参观了陆巷社区的"蔷薇巷"。不同于上次送福字的公益志愿活动，这次他们听得格外认真和仔细，大家都想一探"蔷薇巷"项目的究竟。实地考察结束后，他们通过社区提供的"蔷薇巷"项目资料包以及网络搜索，资料查找等方式记录下了他们找到的"蔷薇巷"，并提出了许多问题。教师将学生们提出的问题进行汇总并印成了《我想知道的"蔷薇巷"项目》活动任务单。

表1-1 《我想知道的"蔷薇巷"项目》活动任务单

_____小组		姓名：	指导教师：
我的问题			
1. 为什么我们自己的社区只能种植统一风格的绿化，而陆巷社区却种起了蔷薇？			
2. 为什么要选择种植蔷薇花？			
3. 据了解，社区资金有限，这个项目的钱是从哪里来的？			

	续 表
4. 一个社区住着这么多的人，难道所有人都统一种植蔷薇花？	
5. 社区是如何发动居民参与的？	
6. 社区居民众口难调，如果遇到冲突和矛盾该怎么办？	
7."蔷薇巷"项目实施后，居民的满意度如何？	
8. 补充问题	

为了帮助学生解决他们提出的问题，学校在和社区协商后，决定给学生们搭建一个交流的平台，同时社区方面还邀请了"蔷薇巷"项目的主要成员，这次我们不再流于"蔷薇巷"的颜值，通过与他们的直面交流，在完成了任务单的同时，很多疑惑得到了解答。

图1-1 学生和导师与陆巷社区的交流会

原来"蔷薇巷"项目是一个居民自治的项目，居民是自愿参与的，花苗是自己花钱买的，小区的花园是自己设计的，家门口的石头也是自己彩绘的，甚至还发展出"蔷薇"课堂、蔷薇夜市、鲜花饼等衍生活动，而且还成功举办了地景艺术节。在这过程中，他们克服了种种困难，居民从他治变成自治，对社区的满意度也提高了，邻里之间的关系也越发团结，陆巷社区从一个菜园变成了宜居家园。

子问题2：你认为"蔷薇巷"项目成功的秘诀是什么？

交流会后，教师分别组织学生们进行讨论，并围绕"蔷薇巷"项目成功的秘诀这一主题进行小组交流。各小组纷纷讲出了自己的见解。

各小组交流后,我们发现对于"蔷薇巷"项目成功的秘诀,学生们的认知比较浅显,各小组交流的内容也大相径庭,他们交流的内容更像是对社区交流的文字整理,而非提炼出一些观点。

子问题 3:"蔷薇巷"项目成功实施后,社区发生了哪些好的变化?

面对子问题 2 中遇到的困境,我们决定在学生对"蔷薇巷"项目认知的基础上,一步步剖析问题,作为一个社区自治项目,学生首先应该明白什么是"社区",而在前期活动的基础上,学生已经对"社区"有了一定的了解,为了让学生更深入地理解"社区及其相关概念",教师设计了如下问题:

(1) 结合蔷薇巷项目看,什么是社区环境?包含哪些要素?

(2) 结合蔷薇巷项目看,社区环境美化包括哪些方面?

教师鼓励学生们通过个人、同伴合作等不同方式,围绕教师的支架去解决子问题 3,并将最后搜集到的资料,绘制成一份思维导图,在下一次项目化学习的活动上进行交流展示。

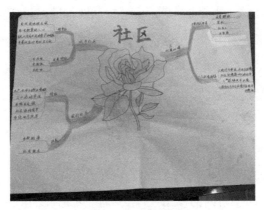

图 1-2 思维导图

根据评价量规,学生对思维导图进行自评和互评。在问题 3 的基础上,各组学生分别交流了"蔷薇巷"项目成功实施后,社区发生的好的变化,在交流的过程中,学生对于社区环境及其相关概念也逐渐清晰。

表1-2 思维导图评价量规

评价内容	评估标准	得分(1—5分)
主题内容	主题明确,导图所展示内容能够论证主题,且逻辑清晰,重点突出,易于理解。	
信息收集	能借助网络平台等渠道,收集与"社区环境"等有关的文本信息,资料全面详实,且符合主题要求。	
个性表达	能分析、提炼出概念、要素等关键信息,从美学角度形象生动地展示社区环境及其相关概念。	
小组合作	小组分工明确,能相互合作,取长补短,按时完成分配的任务。	

子问题4:"蔷薇巷"项目成功的背后取决于哪些因素?

通过前期的活动,学生们对"蔷薇巷"项目有了更深入的了解,但是我们还没有解决根本问题:"蔷薇巷"成功的秘诀到底是什么?这个答案依旧被迷雾笼罩着,让人捉摸不透。为了拨开迷雾,项目组决定再次召开研讨会,围绕"蔷薇巷"成功的秘诀这一主题,各小组先分享了自己的所见所闻。

教师在此基础之上,进一步引导学生进行总结与反思,并追问学生如下问题:

(1) 从上次交流的结果出发,你认为参与"蔷薇巷"项目的会有哪几类人?

(2) 这几类人在"蔷薇巷"项目中都发挥着什么作用?

(3) "蔷薇巷"项目作为社会治理的项目,这几类人是否会发生矛盾?如何解决?

(4) 这几类人对于"蔷薇巷"项目是怎么看的?

在各小组的"头脑风暴"中,我们发现不同学生的关注点不同,学生们的回答逐渐将答案引向了四个不同的视角,于是我们决定对我们的研究方向做出调整,从决策者、社工、居民骨干和普通居民四个视角去探寻"蔷薇巷"成功的秘诀。

子问题5:从不同视角探寻"蔷薇巷"项目成功的秘诀

为了能够进一步了解这四类人在"蔷薇巷"项目中发挥的作用,我们决定开展一次人物专访活动。各小组根据自己兴趣选定一个视角后重新分组,在导师的指导下,共同梳理出了访谈提纲初稿,随后在教师和专家的指导下,各小组最终完成了访谈提纲。

为了保障现场访谈的顺利开展,小组成员根据自己的兴趣和特长进行了分工,分成了摄像组、后期组、采访组和文字编辑组。语文老师从语气、形象、提问方式等方面对采访组进行了访前培训,学校为摄像组提供了摄影器材,邀请了专业的摄像老师对摄像组和后期组进行专业指导。

万事俱备只欠东风,5月14日,在经过了前期的了解、沟通、研究后,各小组带着自己的问题再次走进陆巷社区去探寻"蔷薇巷"成功的秘诀。经过前期充分的准备,各小组到达陆巷社区后,摄影组寻找了合适的拍摄场地,迅速架好机器,并做最后的调试;采访组和文字编辑组此时也和采访对象进行访前的交流,各组人员各司其职,当天的采访非常顺利,各小组也收获了满意的答案。

图 1-3 学生采访

各小组在采访后,文字编辑组梳理出了采访大纲,后期组对采访素材进行了剪辑,最后四组决定从四个视角撰写"探寻蔷薇巷成功的秘诀"探究报告。

但是学生们对如何撰写探究报告一无所知,为了让他们能更好地完成探究报告,老师们事前搜集了很多探究报告撰写的资料并专门上了一节"如何撰写探究报告"的微课,各小组围绕微课完成了探究报告的初稿。

各小组在撰写探究报告的时候,由于有的小组是分工各写一段最后将四段内容拼成一篇探究报告,所以在行文风格、内容角度上都各不一样,导致初稿的内容显得杂乱无章,有的小组由于是一人执笔,内容上过于肤浅,只是泛泛而谈。

为了能进一步提升探究报告的质量,各小组在完成初稿后,结合了专家给出的修改意见,并在老师的帮助下一起制定了评价标准,并且选择了一组比较好的探究报告作为范本,各小组再根据范本来修改,最终形成了终稿。

表1-3 "探究报告"评价量规

评分项目	具体要求	评分(每项满分为10分)
题目	清晰、明了反映课题研究的问题	
课题的提出	能从理论依据和实践依据角度说明要进行此项课题研究的原因	
课题的设计	对课题研究的内涵进行详细阐述 明确课题研究的目标和内容 确定课题研究对象 说明课题研究采用的方法 阐述课题研究的原则 详细列出课题研究步骤的具体安排	
课题研究的实施	具体说明课题研究是如何进行的 该部分内容为重要部分,占有一定比例	
课题研究成果	反映课题成果的资料详实、层次清楚、前后连贯、文字简明准确 研究的成果必须是严谨、科学、合乎逻辑的论证,切忌夸夸其谈,任意引申夸大。	
讨论与思考	能够在研究的结论基础上,通过讨论和分析,对当前相关的教育理论或实践发展提出自己的认识、建议或设想	
参考文献	注明出处、作者、书刊号、页码	

通过范本,学生明白了撰写探究报告要注意的核心内容是:

(1)题目就是探究报告的标题,要反映探究报告的问题,副标题是对题目的补充,可用来说明课题研究主要做的研究工作;

(2)探究报告的提出一般要从理论依据和实践依据的角度进行说明;

(3)探究报告的设计主要包括对其报告研究的内涵进行阐述;探究报告的目标和内容、对象的选择、探究报告采用的方法;探究报告的原则;探究报告步骤的具体安排;

(4)探究报告要让别人了解研究成果是在什么情况下通过什么方法,根据什么事实得来的,便于别人借鉴;

(5)反映探究报告成果的资料要翔实、层次清楚、前后连贯、文字精准简明,内容必须严谨、科学、合乎逻辑的论证,切忌夸夸其谈,任意引申夸大。

"蔷薇巷"项目成功的秘诀到底是什么?虽然后期各组以四个不同的视角进

行阐述,但无论是决策者、社工、居民骨干还是居民,他们都是成功不可或缺的因素,只有把社区当做自己的家,共商共建才能打造出美丽的蔷薇巷。

(二) 出项:以小组汇报形式揭秘"蔷薇巷"项目成功的秘诀

2021年6月,项目组师生为全校师生带来了一场"探寻蔷薇巷成功的秘诀"展示活动,这也是本学期活动项目的出项活动,参加出项的人员很多,除了学校的师生,还有市级专家、区级领导、学生家长。由于这个项目是在陆巷社区开展的,所以在出项时邀请社区社工和成人学校校长一起参加,会让学生增加真实感,也会让学生认为这个项目很有意义,自己的汇报活动是有价值的。

1. 如何向观众们"再现"项目的精彩过程?

展示活动一开始,先是由本项目的负责教师为大家迅速介绍整个项目的由来,然后就是学生们的汇报展示,此次出项共有四个小组。项目组教师们从设计该项目开始,就预设了出项时会进行汇报展示活动。他们先问自己"为什么要用这种形式? 想让观众看到什么? 怎样才能呈现出项目实施的核心内容?"然后以倒推的方式设计每一个子项目并建立各个子项目之间的联系,随后设定学生在解决问题、完成任务时呈现的路径和需要的学习支架。那么,接下来项目组师生该如何向现场观众呈现活动过程中的精彩呢? 最终我们决定通过微课堂、学生汇报和微论坛三种形式来展现出项活动。

2. 微课堂——"再现"项目瓶颈的突破点

师生通过十分钟的微课堂再现了子问题4中遇到的瓶颈:"蔷薇巷"成功的秘诀到底是什么? 学生们在老师的引导下,通过头脑风暴形式共同制定出了针对四个不同角色的采访任务,对整个项目的成功起了推动作用。

3. 汇报展示——"再现"项目的智慧结晶

四组学生根据小组探究报告,以"蔷薇巷项目成功的秘诀"为主题分别从决策者、社工、居民骨干和居民四个角度进行小组汇报,汇报中他们阐明了小组的观点,独到的见解、自信的姿态、勇敢的展示赢得了在座所有参会师生的掌声。

4. 微论坛——多元视角评价项目

汇报的最后,我校还邀请了安亭成人学校校长、社区和学生代表开展了一场微论坛。学生代表李仲元提到在这个项目活动中,学生成为了活动的主人,在整个活动中,我们需要去发现问题、思考问题、分析问题,最终解决问题。通过这个项目,学生不仅对社区有了全面的认识,也明白要治理好一个社区是需要各方力量的共同支持。而社区和成人学校方面也高度肯定了我校的项目化学习活动,认为这是一次社区与学校的有效共建。

5. 成效与不足

在此出项活动中,微课堂和学生汇报环节,充分体现出学生能力的发展,证明了个人和团队的成长。综合、多元地展现出学生在各方面的成长,调动了学生全方位的能力:口才、表现力、勇气、写作能力、积极思维能力、现场操作能力、媒体演示能力、随机应变能力等,同时也反映了团队的凝聚力,以及相互沟通与协作、团队决策与协商能力的提高。

在微论坛上,出项除了展示学生成果而且还是促进学生进一步思考的机会,更是学校和教师提供给学生的与真实外部人员对话的机会。聆听社区管理者的困境与思考,成人学校校长的见解与建议,同时还能让专家、公众与学生对话,这些对话能促进学生对他们的项目过程和成果的再思考。但是由于现场微论坛的形式和问题的设计,现场仅有 1 名学生代表参加微论坛,互动交流的时间和范围有限并未达到预设的效果。

图 1-4 微课堂

图 1-5 学生汇报展示

图 1-5 学生汇报展示

(三) 反思与迁移

此项目发生在学生们居住的社区,通过对真实情境的接触,学生们自发地提出了各种问题,学生的兴趣推动了项目的启动,对于"蔷薇巷"的好奇,推动着他们一步步地去探索,去寻找问题的真相,回顾整个活动项目,正是这样的内驱力使得整个项目能顺利进行下去。

学生在项目探究中,体验了不止一次的挑战,比如学生决定将研究方向定为四个不同的视角去探讨时,采访提纲如何写?人物专访该何进行?采访结束后探究报告如何撰写?面对这样的困境,教师不断用问题去引导并提供学习支架,帮助学生进一步分析问题,解决问题。学生需要去了解记者、采编、摄影、文字编辑、校对等职业,这些角色体验是课堂给予不了的,而不少学生在完成采访后也发出感叹,原来要完成一次人物专访需要做这么多的准备工作。学生在人物专访活动中,他们提取信息,实践探究,基于证据的表达能力和善于提问的素养在不断被培育,学生解决问题的能力得到提升。通过这个项目,学生们的探究、质疑精神和合作的意识得到了提升,这样的能力迁移到学习上,能激发学生们学习上的主动性,让学习变得更有意义,也更有质量。

此项目的实施过程中,在教师的引导之下,学生们采用了与以往不同的学习方式,通过走访、调研、访谈不同的形式分析数据、梳理信息、撰写报告。但如何才能让学生们内化这种学习方式并迁移到其他项目上,甚至反哺到学习中?通过项目,我们已了解"蔷薇巷"项目成功的秘诀,这样的秘诀是否可以在其他社区进行推广?教师在后续设计新项目的时候也需要进一步思考。

四、项目评价

项目化学习中的评价是多元丰富的,它指向学习目标,具有目标—实践—成果—评价的一致性。所以在过程性评价中,每个环节在涉及核心知识、主要的高阶认知策略和重要的学习实践等方面都会相应涉及评价量规考查学生。

在子问题 3 中,学生围绕教师提供的问题,进行材料收集、整理、归纳,并根据自己的理解绘制成了一张张以"社区"为主题的思维导图,根据"思维导图评价量规"，学生进行互评与自评。通过评价量规，教师了解了学生对"社区"概念是否掌握全面，对欠缺的学生也可以及时进行指导，学生之间也可以通过评价量规知道优秀的思维导图应该具备哪些要素，这也是相互学习的过程。

在子问题5中，对于完善学生的探究报告时，学生在专家和老师的指导之下，完成了对其中1篇报告的修改，并以此作为范本，共同讨论得出"探究报告评价量规"，这份量规给学生充分的指导，让学生知道什么是好的探究报告，什么是需要再完善的探究报告，并对照自己和同伴的探究报告，引发学生自我反思，进一步去修改出更完美的探究报告。

最后在出项后，师生需要对于整个活动的表现做"过程性评价""成果性评价""项目化学习成果的整合性评价量规"和"项目化学习成果的自我评价"，通过师生间的互评，不仅可以再次回顾、评价自身在活动中的表现，也可以让学生在评价中引发反思，得出经验，最终提升自我。

表1-4 活动评价表

评价类型	评价项目	评价内容	自评	互评	师评
过程性评价	探究想象	能自主搜索"蔷薇巷"项目相关资料。	☆☆☆	☆☆☆	☆☆☆
		能积极思考并提出问题。	☆☆☆	☆☆☆	☆☆☆
		能明确表达自己的想法并寻找探索新的和矛盾的想法。	☆☆☆	☆☆☆	☆☆☆
	合作担当	能完成组内分配的任务。	☆☆☆	☆☆☆	☆☆☆
		能支持小组贡献的想法和意见，与小组分享疑虑、洞察和资源并提出其他的思考方式。	☆☆☆	☆☆☆	☆☆☆
		能在他人的想法之间建立联系，策略性地寻找和整合他人（小组成员、其他同伴、教师、专家等）的反馈并以此为基础产生自己的见解。	☆☆☆	☆☆☆	☆☆☆
成果性评价	成果评价	能有效地将采访内容形成观点并转化为探究报告。	○○○	○○○	○○○
		能从同学、老师和专家那里寻求反馈并完善探究报告。	○○○	○○○	○○○
		能结合探究报告将自己的观点作完整表达。	○○○	○○○	○○○
	素养品质	能不惧困难，解决问题。	○○○	○○○	○○○
		能热爱生活，乐于探究。	○○○	○○○	○○○
		能开动脑筋，勇于创造。	○○○	○○○	○○○

表1-5 项目化学习成果的整合性评价量规

项目化学习成果的整合性评价量规
● 报告深度(50%) 全面覆盖并精心选择核心内容 能够自主整理访谈材料并从原有文本中分析提炼观点 直接指向驱动性问题的解答 所引用的数据、访谈资料是真实有保证的 团队合作(25%) 呈现出团队合作的证据 所有的团队成员都参与汇报展示过程 报告的表现性(25%) 专业性 富有创意,表现独特 运用多种类型的媒体

表1-6 项目化学习成果的自我评价

项目化学习成果的自我评价
我在最终的探究报告中回答了驱动性问题吗?我的核心观点是什么? 我在最终的探究报告中清晰地表达了我的观点吗? 我的报告代表了这段时间我在这个项目上形成的核心观点吗?

五、关键问题探讨

(一) 项目化学习中的任务设计:如何驱动学生主动探索?

在"探寻蔷薇巷成功的秘诀"活动中,学生通过对陆巷社区的走访、与"蔷薇巷"项目主要成员的现场交流大致了解了"蔷薇巷"项目的全貌,但学生仍要对现象做抽象解读——"蔷薇巷"成功的背后有哪些因素?只有全面且深刻地分析出成功背后的因素,才能有的放矢地设计下阶段活动,并最终成功"探寻蔷薇巷成功的秘诀",所以子问题 4 是此活动项目中的关键问题。

我们需要发散学生的思维,激活学生的已有知识,所以教师们决定提供问题支架,采用头脑风暴的形式,引导学生进行发散性的思考。学生们需要在规定时间内,围绕着教师提供的问题支架,尽可能地列出他们的想法,教师对学生的想法不做任何评判并鼓励学生尽可能有自己的想法,有创造性,与此同时教师们用电脑快速记录学生们产生的点子。头脑风暴结束后,基于学生的点子,教师进行适当的归纳、引导和总结,并最终形成共识:"探究蔷薇巷成功的秘诀"需从决策者、社工、居民骨干和居民四个角度进行研究。

(二) 项目化学习中的改进:关注每一位学生的观点,让所有人都乐在其中

子问题 4 最终的结果是在淘汰某些点子的基础上形成的共识,点子之间彼此独立,没有关联,没有碰撞,不仅没有激发更多的创意,被否定的同学还会因此有些许失落。综合上述的思考,我们决定在二期项目中对头脑风暴环节进行改进:在分组的基础上,给每个小组提供一张大纸和足够的笔,让每个人都能够同时书写,在交流环节每个人都要用"你说得对,而且……"承认别人的观点并加入自己的创新元素。

这样的改变将着重强调师生、生生之间在观点和创意上的激荡,因为创造性不仅来自个体,也来自群体。我们可以运用多种方式来促进学生群体发表创意观点,以他人的观点为基础,在认可他人观点的基础上,加入自己的创意,让学生们在此过程中都有所收获。

项目2：手机利弊面面观

课程类型及课时数	课程类型	年级	课时数
	校本课程	六年级	9
	综合实践活动	六年级	3
	学科课程	六年级	6
所属学校	上海市静安区教育学院附属学校		
设计者	王连方		
实施者	王连方、周子晴、张乐麒、杨冬尔、王文娟、王雨琦、刘忌		

社会生活越来越丰富多彩的同时，人们遇到的问题也会越来越复杂，只用单一学科知识无法解决所有问题。活动项目作为项目化学习的一类，以探索解决身边、日常情境中的真实问题为主。学生可以在发现问题、分析问题、解决问题的过程中，提升个人核心素养，形成有效的迁移运用，从校园走进社区、走向社会，解决更多真实情境中的问题。本项目围绕"手机利弊面面观"展开探究，挖掘本质问题，结合线上调查，运用数据分析问题，以访谈的形式获取他人的经验，建构个人对使用手机的正确认知，学会自我管控和时间管理的方法。

一、为什么做这个项目

手机作为信息时代我们在生活学习中必备的工具。然而手机是一把双刃剑，它在给予我们便利的同时，也会影响我们的身心健康，手部疾病、眼科疾病、心理疾病在悄悄靠近我们。手机对中小学生的影响力尤其不可小觑，他们需要学习如何增强自我约束力、提升时间管理能力以及提高信息辨识能力。2021年9月，我国教育部文件明确指出学校要通过多种形式加强教育引导，让学生科学理性对待并合理使用手机,提高学生信息素养和自我管理能力。国家不仅严格限制向未成年人提供网络游戏服务的时间,而且还要求手机进校必须写申请。学生对这种操作认可吗?有的同学认为手机使用时间由父母管控即可,没必要通过游戏运营商进行控制;有的同学说网络游戏太多了,全部禁止不现实;还有的同学甚至认为家长使用手机时间太长了,也应该控制。他们不仅渴望拥有手机,更希望探究手机的使用,例如如何使用手机娱乐、如何使用手机制作视频、手机使用中的技巧、手机的学习功能,等等。作为教师,一方面希望了解学生使用手机的情况以及对手机使用的真实想法,另一方面也希望正确引导学生从多个不同角度了解手机,辩证地看待手机使用的利弊,学会合理管理使用手机的时间。能否通过项目化学习的方式,既满足学生的学习兴趣,又达成教师的愿景?于是,从生活中真实案例的分析、达成共识开始,师生共同头脑风暴,思考项目探究的方向;再经历以小组为单位,制定探究计划、设计调查问卷、实施调查、汇总数据、形成结论,完成探究报告撰写;最终展示发布探究成果,在互动交流中,进一步修改完善探究报告。最后形成的项目成果是"手机利弊面面观"的探究报告以及交流展示用的演示文稿,学生的创造性体现在交流展示用的演示文稿的设计、制作及互动形式上,学生在项目过程中对于信息社会中手机的发展和特点、手机对学习和生活的影响,以及如何以团队合作的形式在实践中解决问题有了更深的理解。

二、项目设计

(一) 项目目标

1. 实施一次手机使用情况的相关调查,根据数据分析问题,正确看待手机使用的利弊。

2. 在作品交流过程中,能够认真倾听并作出积极的回应,给予公平公正合理的评价。

3. 创新设计交流展示用的演示文稿,凸显主题;在交流展示中尝试运用多种不同工具、不同形式进行互动交流。

4. 分工计划,全班共同制定作品评价标准。

(二) 挑战性问题

1. 本质问题

面向信息社会,辩证分析手机使用的利弊,如何提升手机使用的自我管控能力和时间管理能力?

(1) 信息社会,手机使用何以影响人们的生活和学习?

(2) 信息社会,学生使用手机有哪些利弊?

(3) 学生在手机使用过程中,有哪些自我调控和时间管理的合理建议?

2. 驱动性问题

随着信息社会的发展,手机等电子设备对学生的影响力越来越不可小觑。近期,我国教育部文件明确指出学校要通过多种形式加强教育引导,让学生科学理性对待并合理使用手机,提高学生信息素养和自我管理能力。学生怎样通过数据,正确辨别手机信息的有效性,合理管理使用手机的时间?

三、项目实施

本项目在我校六年级全年级"趣谱"课上统一实施,各班任课老师集体备课,一课一研,共同完成整个主题项目的实施。其中,学习准备和自主选择环节1次课共3课时,合作探究环节3次课共9课时,交流发展环节2次课共6课时。各环节具体安排见下表2-1。

表2-1 "手机利弊面面观"项目实施安排

环节	学习活动	学习成果	作业
学习准备	案例引入主题,了解主题活动流程,明确预期成果——探究报告、演示文稿、访谈视频。	思维导图	探究报告、演示文稿、访谈视频
自主选择	围绕驱动问题头脑风暴,成立小组; 围绕本质问题的解决,制定小组合作实施计划。	合作计划	

续表

环节	学习活动	学习成果	作业
合作探究	1. 利用文献检索,收集手机发展史及其特点的信息,获取影响手机使用的背景信息,初步了解使用手机对人们的生活和学习具体有哪些影响。	文献资料	
	2. 制定使用手机对人们的生活和学习的影响的调查方案,设计调查问卷,制定问卷评价标准,依据标准修改调查问卷;在问卷星平台发布问卷,实施线上调查,收集数据,统计分析学生使用手机对生活和学习产生的各利弊,得出结论,撰写调查报告。	实施一次线上调查	
	3. 用辩论的方式梳理手机使用的本质问题。 4. 设计访谈方案,拍摄访谈过程视频,了解并梳理访谈对象使用手机的自我管控和时间管理经验。 5. 完成探究报告的撰写,规划并修改汇报方案,制作交流演示文稿,准备交流分享。准备交流互动问题,设计互动活动形式。	访谈视频、梳理经验	
交流发展	1. 依据评价标准完善小组探究报告和交流展示演示文稿。 2. 按照小组顺序依次进行探究成果交流。 3. 根据评价标准完成班级内部评价,推选班级最佳。	探究报告、演示文稿	
	4. 年级组交流分享,各班最佳探究成果汇报。 5. 全体同学评选年级组最佳内容、最佳交流等奖项。	年级组交流展示	

(一) 入项

1. 学习准备

手机对六年级的学生而言是一个敏感而又不可避免的关键事物,国家接连出台的相关政策,学生接受吗?他们的真实想法是什么?教师先通过一段2分钟的新闻视频引出项目,请学生认真观看并结合自己的实际情况思考与回答上述问题。在这段视频中,国家规定严格限制未成年人网络游戏的时间并且加强学生手机使用管理,针对这样的做法你持怎样的态度?这是一个与所有同学相关的问题,因而大部分同学都希望表达自己的看法,有的同学说支持,有的同学保持中立,还有的同学反对。为了让所有的同学都有机会发表自己的观点,教师在这里使用了 AiClass 平台思维导图任务,让每位同学都发表自己的观点,并且写出理由。借助思维导图的合并功能,全班同学的观点不仅一目了然,而且教师还可以快速点开同学们写出来的具体理由。图 2-1 是一位保持中立态度的同学的思考。

作为手机的使用者,师生共同分析九年级社会教材《专题五 适应信息社会》

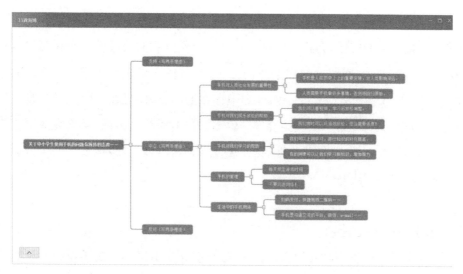

图 2-1 某学生填写的思维导图

中第一节《信息爆炸带来了什么?》的案例——"崔老师很忙"。通过这个案例我们看到崔老师忙碌在现实与网络世界之间,时间就这样偷偷地从指缝间溜走了。"为什么崔老师没有完成自己既定的工作?她的时间去哪里了?大家遇到过这样的问题吗?"在同学们就这个问题交流的过程中,老师在黑板上记录学生提到的关键词,然后请学生做一个汇总:要真正帮助崔老师或其他有同样经历的同学解决问题,需要拥有哪些本领?从而引出本项目的本质问题。教师根据驱动性问题,明确项目的预期成果和活动流程。

2. 自主选择

我们接下来围绕项目驱动性问题,组织学生头脑风暴,并进行分组。分组可以有多种不同的形式,例如先选出组长,然后由组长组队,小组共同确定主题;也可以采用 AiClass 平台投票的功能,线上组队;还可以先确定主题,然后根据各自感兴趣的主题,形成组长自荐,招募组员等多种不同的方式。如果是以组建信息咨询公司的形式代入职业体验的分组模式,可以增加根据个人情况撰写简历、参与应聘等环节。经历了组队之后,学生进一步明确项目学习的预期成果、项目活动的整体评价要求,并且以小组为单位确定探究主题以及制定合作计划。

在开展合作探究前,教师结合各小组制定的探究计划先进行一次跨组交流,每个小组安排一位发言人到另一个小组交流,在交流过程中负责倾听的同学可以从交流小组的时间安排、合作计划的可行性及合作方式的合理性三个角度进行点评,记录可能存在的问题并提出解决的方案,然后在全班交流中进行分享。通过这样的方式,可以真实地暴露小组计划中存在的问题,而且还可以让学生自主发现问题、解决问题,帮助学生提高合作的效率。在本环节结束前,学生完成课堂活动的阶段自评与互评,从课堂作业、行为规范、团队合作以及交流表达四个方面对自己和他人的表现进行评价。

(二) 形成实施计划

本环节学生根据计划开始合作探究,教师引导学生以小组为单位按照计划解决问题,完成预期成果,达成学习目标。

1. 提出问题

信息社会,手机使用何以影响人们的生活和学习?六年级的学生要理解这个问题,必须先了解手机的发展史以及其特点,从手机发展的社会背景开始思考使用手机对人们生活和学习具体的影响。这个问题几乎所有同学都不够了解,但是答案不仅能在网络上找到,而且也属于可以自学习得的范畴,因此主要以文献检索方法进行探究。为了帮助学生更加有效地收集整理资料,教师提供了信息收集表(表2-2)。学生不仅需要将自己利用书籍或者网络等途径收集到的图文信息加入表格中,还要对其进行分析和判断,并添加自己对这些信息的看法和理解。学生在信息收集过程中不再是单纯的复制粘贴,而是经历思考与判断形成高阶思维。

表2-2 信息收集表

资料标题	资料收集人:学号姓名
友情提示:1. 与探究目标有关的资料 　　　　2. 这份资料能够说明相关问题	
这份资料给我们的启发:…… 详细来源:……	

2. 理解问题

关于手机对人们生活和学习的影响，大部分学生都有自己的想法，但是这些想法可能并不全面而且有偏差。为了更好地解决这个问题，学生可以采用调查问卷的方法获得直接数据，通过对数据的统计分析，了解中小学生、家长、老师对相关问题的认知程度。

首先，教师组织学生以小组讨论的形式初步拟定实施问卷调查的方案（见表2-3）。然后，通过班级交流讨论方案，帮助小组分析方案，进行组间对话，提出建设性意见和建议。最后，各小组整合建议、弥补不足，优化方案。

表2-3 问卷调查方案

第 x 小组问卷调查方案	
确定调查目的	研究问题：范围适当、标题确切
确定调查要素	调查对象：中小学生、老师、家长等 样本类型：全面调查、个别调查、抽样调查
确定问卷介质	在线调查——问卷星
组内分工要求：小组成员人人有任务	
设计调查问卷	负责设计问题，问题试测
实施问卷调查	负责发放问卷，回收问卷
得出调查结论	负责统计数据，分析数据

（三）开展研究实践

1. 设计调查问卷，试测并修改完善

调查问卷的质量决定了调查数据的准确性和有效性，进而反映调查对象的真实情况。可是，六年级学生设计问卷的能力有限，需要教师给予一定的指导。为了帮助学生更好地完成问卷设计，教师可以提前准备一份整体结构比较清晰的问卷，但是问卷中仍有一些问题需要修改完善。学生在填写的过程中会发现问卷存在的问题，例如问题和答案可能不匹配、答案不全面、开放性问题不便于统计、问题与主题无关等。教师在组织学生纠错的过程中，不仅可以帮助学生梳理问卷设计的要求（图2-2），而且还可以与学生共同确定问卷的评价标准，以此帮助学生提高问卷的

设计水平。

```
问卷设计
    标题 ┫ 表达清楚、语言简洁通俗
    导语 ┫ 紧扣主题、符合实际
    问题与答案（核心）┫ 题型多样、选择居多
                      讲究层次、从易到难
    结束语 ┫ 易于回答、避免知识性问题
```

图 2-2 问卷设计的要求

2. 探究问卷平台，编辑发布问卷

纸质问卷和线上平台问卷是两种不同的问卷调查途径，纸质问卷的优势在于学生可以体验调查的全流程、感受数据的真实性，后期可以借助 Excel 进行数据分析，缺点是比较耗时；线上平台问卷的优势在于数据回收方便快捷，可以直接下载原始数据及统计报告，缺点是数据的真实来源不便于判断。教师可以根据实际的情况选择适合学生的途径，二者择一或两种都进行。问卷星是目前较为广泛运用的线上问卷平台，支持一个账号多人同时编辑，因此本项目中教师会将提早准备好的账号发给组长，每个小组各自探究平台上问卷的编辑操作，并且发布问卷，如图 2-3。各小组发布问卷后组内共享链接，进行组内测试，寻找问卷中可能存在的问题。再次修改完善问卷并发布终版，将问卷链接上传到 AiClass 平台。

3. 回收调查数据，形成初步结论

教师将链接分享给全班或全年级的同学共同完成，以获取更多的样本容量。同时，学生也可以利用课余时间邀请其他年级同学参与调查。问卷星平台可以实时观察完成量，当达到一定数量后，学生可以停止调查，直接下载调查报告，分析数据，形成初步结论。在这里值得关注的是如何解读数据，六年级学生虽然在小学学习过数学的图表知识，但是实际运用的能力还不高，因此需要教师用举例的方式引导学生共同分析，帮助学生学会分析数据并形成有效的结论。例如图 2-4 中，大部分人认为长期玩手机不运动对身体有伤害，仍有少数人认为没有伤害。

关于静教院附校六年级学生玩手机对学习影响的调查。

六年级的各位同学大家好，我们是六一中队瑞旗小队的成员。为了了解并使同学们减少玩手机的时间，我们需要调查一下各位对“玩手机对同学的学习影响”的情况。请您在认同的答案上打✓。注意⚠本次问卷不记名，除个别题目外，别的题目为单选题。感谢大家的配合。

*您对手机使用的建议是(　) 【请选择1—2项】

- A绝对不能使用手机
- B偶尔可以使用手机
- C都可以
- D平时不行，放假可以
- E 其他 请写出________

*您是否认为手机会影响学习( )

- A 会
- B 不会

*您认为玩手机影响学习，主要在哪个方面?

- A学生没有自主能力，无法控制自己使用手机的时间
- B学生搜索或看与学习无关的内容
- C其他

*您是否使用手机?

- A是
- B不是

*您每天大约使用多长时间?

- A 半小时以下
- B 半小时到一小时
- C 一到两小时
- D两小时以上

*您使用手机的理由是( ) 【最少选择1项】

- A学习查资料联系同学朋友
- B放松心情，听歌玩游戏
- C 其他原因是________

*您有没有出现过由于使用手机而学习成绩下降?

- A有
- B无

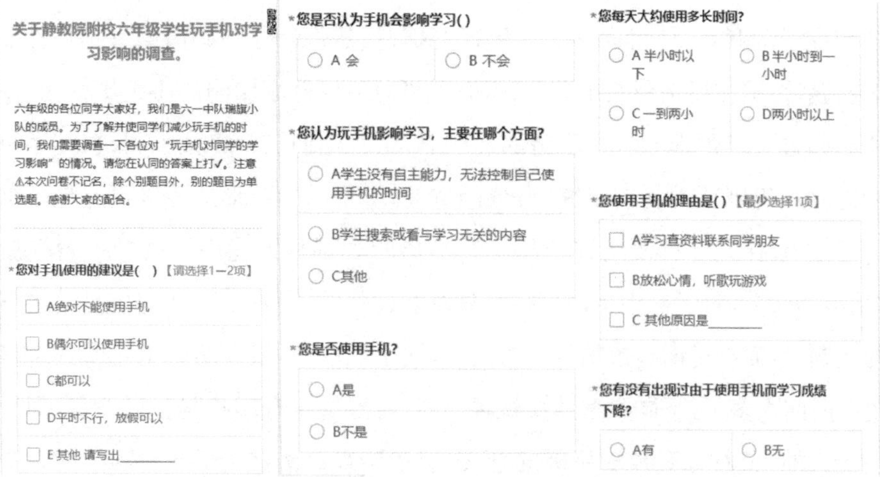

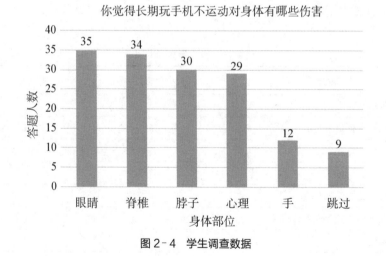

图 2-3　在问卷星平台发布调查问卷

图 2-4　学生调查数据

(四) 形成项目成果

经历了问卷调查，每个小组的同学根据自己的探究方向掌握了基础信息和数据。接下来，我们借助辩论的形式，请每个小组利用自己收集到的信息和数据梳理手机使用的利弊，发表自己的观点：信息社会，学生使用手机有哪些利弊？全班

每个小组给出了自己的观点,探究手机通信功能的小组认为,手机的使用方便了家长和孩子的联系,使得同学之间沟通便捷,虽然也存在一些诸如影响写作业时间等问题,但整体还是利大于弊的;探究手机对身体健康影响的小组则认为,手机使用时间过久对颈椎、腰椎、眼睛的影响非常大,他们认为弊大于利;探究手机学习功能的小组则认为利大于弊,海量的资源、丰富的学习形式可以更好地帮助我们学习知识;探究手机使用技巧的小组给出的观点是智能手机就像一台电脑一样,功能非常多,对于初中生而言很容易花费过多的时间;手机社交也是学生感兴趣的话题,然而经过调查数据的比对之后,同学们发现,很多初中生花费在手机社交上的时间太多了;不同类型的短视频 APP 对青少年有影响吗?当然有,而且影响还挺大的,虽然也有很多积极的意义,但是调查数据真实地显示同学们花费的时间太多了,因而得出了看手机短视频弊大于利的观点;手机发展在社会的进程中不可避免,如果学生不会使用手机就会脱离时代,因而为了跟上时代的步伐,学生使用手机利大于弊。

表2-4 各小组观点汇总

小组观点	利大于弊	弊大于利
手机通信功能	1	
手机对身体健康影响		1
手机学习功能	1	
手机使用技巧		1
手机社交及礼仪		1
手机短视频对青少年的影响		1
手机发展史	1	

汇总各个小组亮出的观点,学生很快发现弊大于利的问题主要在于手机使用时间,这就意味着只要能够学会合理控制时间的方法,就能解决手机使用中的很多问题了。

1. 交流讨论

学生在手机使用过程中,有哪些自我管控和时间管理的合理建议?这是本项目最重要的问题,学生需要学会管理手机的使用时间。对于六年级的学生而言,小学阶段一般都是由父母代为安排每天的时间,但是进入初中后有了自主安排时间的强烈需求。如何管理好每天的手机使用时间是一个不可避免的问题,怎样能够设计出让家长安心的使用方案呢?我们借助访谈的方式,请老师、家长和学姐学长给出他们的想法,汇总之后给出一个合理的手机使用时间管理方案。设计一个访谈方案,列出能够想到的问题,然后小组讨论决定最后的访谈方案和对象,课余完成访谈,并做视频访谈记录。根据收集到的访谈内容,汇总整理后,形成访谈结论。

2. 确认最终成果

至此,合作探究学习成果已经完成,学生需要将收集到的信息按照探究报告的模板完成填写,根据下表所示的探究报告评价标准修改与完善,形成最终的探究报告。教师在 AiClass 平台设置评价任务,学生根据评价标准(见表 2-5)完成小组探究报告的自评与他评。

表 2-5 探究报告评价标准

评价方面	评价内容	分值
整体内容	结构完整,格式规范,突出主题。	20 分
探究过程	围绕探究目标,合理选用探究方法。	20 分
	清晰呈现,层次清楚,逻辑性强。	30 分
探究结果	观点明确,有一定实际价值。	30 分

(五) 出项

经历了学习准备、自主选择、合作探究,探究报告已经出炉,交流展示用的演示文稿也已经汇总结束。根据以往项目活动的经验,交流发展既可以展示整个项目的活动过程,也可以呈现探究学习的最终成果。从交流时间、学习评价、倾听效果等多方面考虑,本项目各小组只需呈现最终成果即可。

教师组织各小组依次进行交流 7 分钟,请组内或他组同学使用平板电脑录制交流过程视频。展示结束,台上台下互动 3 分钟,既可以是展示小组事先准备好的互动小游戏,也可以是现场提问。互动结束后,在下一组准备的过程中,其他同学根据 AiClass 平台推送的评价任务(具体评价标准见表2-6),完成对展示小组的评价。在交流分享中学会评价,在评价中学,这是本项目很重要的环节。

表2-6 交流互评评价标准

评价方面	评价内容	分值
演示文稿	风格统一,排版美观,凸显特色。	20分
	紧扣主题,文字精炼,内容准确。	30分
	图文搭配合理,清晰呈现探究过程及结果。	20分
	动画、页面切换、超链接等效果能辅助演讲。	10分
交流表达	口齿清晰,声音响亮,自信大方,从容自如。	20分

除了评价各小组的交流展示,教师还可以根据现场的情况进行课堂表现的评价,从认真聆听、拍摄演讲以及组长管理等多个角度给予表扬,最终由师生共同评价,全班推选最佳小组参加全年级交流展示(见图2-5)。

图2-5 年级组交流展示活动

为了给年级组的同学留下深刻印象,争逐内容、演示文稿设计、交流、互动等方面的最佳奖项,每个班的参评小组在班级评选的基础上又进行了演讲排练和演示文稿的再加工。"中小学生对于手机发展史的探究"获得了年级组最佳内容奖,该小组通过详实的数据说明有近一半同学对手机的发展史并不清楚,因而他们着重向同学们介绍了手机的发展历程、手机的创始人、手机的进步,他们认为手机的一次次改变在人类历史上都留下了至关重要的脚印,不断地提高了我们的生活质量。同时,我们也需要加强自我约束,合理安排手机使用时间,才能把手机所带来的帮助有效地融入生活中,发挥它最大的用处。"中小学生使用手机社交情况的调查探究"获得了最佳交流奖,他们告诉大家,在回收到的 82 份调查问卷中,超过 7 成的被调查者用微信进行社交,4 成以上被调查者每天进行网络社交的时间小于 1 小时,社交的对象主要是同学、朋友和亲戚。他们还给大家总结了 5 个方面的手机社交礼仪。获得最佳互动奖的是"中小学生使用手机对学习影响的探究",他们的调查发现大部分同学用手机玩游戏或刷视频,还有一些与朋友聊天,甚至到网上查找作业答案。他们给大家提出三条建议:1.尽量减少手机使用频率,这样才能减少影响学习的可能性。2.迫不得已使用手机时,需控制使用时间,不能长时间在网上浏览。3.自律是人生中必须学会的一种品行,希望更多的同学能学会自我管理。最深刻印象奖由"使用手机对人体的危害"这一主题的小组获得,他们在调查中发现,认为手机对眼睛有危害的人最多,对脊椎的影响次之,并且从微波辐射、引起骨质疏松、睡眠质量下降、压迫颈椎四个方面给出了建议。

在所有小组完成作品的交流展示以及自评互评后,还需要完成项目资料的整理,反思整个项目活动过程,撰写探究报告说明。探究报告说明是新中考政策反映学生真实的"创新精神与实践能力"四类报告之一,学生在九年级通过初中生综合素质评价信息管理平台完成上传。为了让学生能够有充足的经验和真实的体验,我校在"趣谱"评价平台上设置了这个功能,希望学生不仅学会写报告,还能将自己所经历过的"趣谱"主题进行资料整理、记录并上传,帮助其正确面对综评。图 2-6 是学生完成资料整理后上传的探究学习报告。

图 2-6 学生探究学习报告样例

为了帮助学生理解项目的主旨，让他们能够从同学们的交流中有所反思并且进行自我迁移，我们请学生用一句话、一首诗或者一幅画、一张思维导图写下自己的感悟，然后拍照上传分享给其他同学，如图2-7，并且为其他小组同学的作品点赞评论，如图2-8。

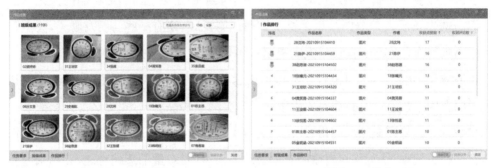

图2-7　学生感悟　　　　　　　　　图2-8　学生互评

四、项目评价

如何针对初中预备年级的学生设计和实施涉及敏感话题的项目？我们成立了主题教学备课组，老师们来自不同学科，既有信息科技、美术、劳动技术、社会心理，还有道德与法治。不同的学科背景，最终达成共识确定了主题实施的方案。调查是这个主题用到的最重要的探究方法，学生在实施调查过程中遇到了很多困难，例如调查对象如何确定、调查方式如何使用，等等。有的小组探究了网络问卷星的方法，还有个别小组使用了传统的纸质问卷，老师们都给予协助，针对性回应问题解决的方法。本项目借助学校开发的"趣谱"评价平台实现了项目活动的全流程记录，评价方式多元，从形式角度上有线上线下相结合的多元化评价，从主体角度包括教师评价、学生的自评与互评，从内容角度涵盖过程性评价和结果评价，详见表2-7。

1. 平时作业

项目推进中的小组合作或者个人独立任务都是评价的内容，评价依据涉及学科知识技能要求。本项目中的平时作业包含个人完成信息收集表、小组分工计划表、调查问卷、问卷统计表、数据分析表、探究报告、交流展示用的演示文稿等。学生完成作业上传后,教师设置评价任务,学生根据评价标准自评与互评。

2. 行为规范

项目活动中的行为表现以课堂行规要求为指导,准时到指定专用教室上课、遵守平板电脑使用要求、离开专用教室时将工具等归回原位。既有团队的加减分,又有个人的加减分。在 AiClass 平台授课模式下,教师可以实时对学生个人和小组进行行为规范的评分,并且统计进入项目总成绩。

3. 小组合作

在以团队合作进行的项目探究中,每位学生需要积极参与小组合作,能够主动认领活动任务。组长能够协调组内工作,明确分工,在讨论过程中控制音量。在活动中,不仅跨组互帮互助,还能完成组间竞争。

4. 交流表达

平时参与课堂讨论并积极发言,将自己的学习成果进行分享也是评价的一部分。学生可以借助演示文稿、微视频等完成演讲。另外,还将在展示交流之后借助 AiClass 平台推选出最佳设计奖、最佳演讲奖和最佳合作奖,并给予奖励。

表2-7 《手机利弊面面观》评价表

评价方面	入项活动——学习准备,自主选择	知识与能力建构——团队合作	探索与形成成果——团队合作	交流展示及评价
平时作业	1. 案例分析 2. 小组分工表	1. 调查问卷 2. 问卷统计表 3. 数据分析表 4. 信息收集表	1. 探究报告 2. 交流展示用的演示文稿	1. 汇报交流 2. 演示文稿
行为规范	1. 遵守项目活动课堂学习基本要求。 2. 遵守专用教室使用规范。			
小组合作	1. 积极参与小组合作。 2. 组间完成任务竞赛。 3. 组内分工明确,讨论控制分贝。			
交流表达	1. 平时积极举手发言,积极参与各种形式的交流。 2. 交流内容围绕主题,能借助各种工具辅助交流展示。			

为了鼓励学生积极参与活动,本项目采用了捆绑式评价方式,即学生个人与小组评价是"一人荣皆荣,一人损皆损"的。如下面的表格所示,在六次课的学习过程中,从课堂任务的完成及课堂表现两方面对学生进行评价,该部分在个人最终成绩中占比50%。另外,小组合作中的课堂作业、合作表现占个人最终成绩的50%。在个人和小组的评价中,以"334"比例为主,学生个人自评占比30%、他人评价占比30%、教师评价占比40%,参考表2-8。

表2-8 "手机利弊面面观"项目评价表

多元化评价	个人						小组					
	课堂任务			课堂表现			课堂作业			合作表现		
	自	他	师	自	他	师	自	他	师	自	他	师
1	……			……			……			……		
……	……			……			……			……		
6	……			……			……			……		
平均分												
最终等第	个人跨学科主题学习成绩=(课堂任务平均分+课堂表现平均分)×50%+(课堂作业平均分+合作表现平均分)×50% A:90分以上,B:80—89分,C:60—79分,D:60分以下											

五、关键问题探讨

(一) 项目设计:范围由大到小,层次由浅入深,聚焦本质问题

项目起因:其一,手机经过数十年的发展功能越来越丰富,在我们的生活和学习中发挥着越来越重要的作用。但手机在给我们带来便捷的同时,也带来了许多问题,关于使用手机是利还是弊的争论愈演愈烈。其二,在多门课程的教材中,与手机相关的内容有很多,例如六七年级道德与法治教材的《网上交友新时空》《我们与法律同行》,六年级信息科技教材的《网络与生活》,九年级社会教材的《面向信息社会》,这些都可以是手机与网络关联产生的主题。其三,国家颁布了一系列政策,中小学生原则上不得将手机带入校园、手机游戏使用时间管理条例等,将中

小学生使用手机这一话题再一次推上了风口浪尖。因此我们选择"手机"作为研究的项目。

项目发展：最开始项目的名称是"生活中的手机"，经过一轮实施后发现，学生围绕着手机可以研究的小课题种类多样，例如手机的发展史、品牌、操作系统、外观、价格甚至手机壳的设计，等等。因此学生的研究范围就比较宽泛，研究的内容也非常浅显，虽然对手机的方方面面有所了解了，但多数学生只是将网络上查到的资料加工后变成自己的研究成果，其中深度思考略显不足，并没有引起学生的普遍共鸣，对学生今后使用手机的态度或方式没有起到积极的作用。因此在第二轮项目实施之前，项目组进行了多次集体研修，最终将项目名称修改为"手机利弊面面观"，缩小了项目研究的范围。通过学生处对于我校学生带手机进校园的相关倡议书以及一段新闻视频引发学生更深层次的思考，从而驱动学生探究手机使用对生活和学习到底是有利还是有弊，到底应该如何科学对待并合理使用手机。如何借助此项目提升学生的自我管控能力和时间管理能力也是我们追求的终极目标。

（二）关注过程性评价

项目学习更加注重学生的体验，本校利用信息化数字平台全程记录学生的学习过程，保留项目中产生的阶段性成果，为过程性评价提供依据，形成各组个性化的学习档案。

本项目实施后学生是否能够辩证地看待手机的利弊，能否合理使用手机，自我管控能力和时间管理能力是否有所提升呢？这很难通过问答或者测试来对学生进行评估。因此过程性的、持续性的评价显得尤为重要。例如设计一个量表，让学生自己或者家长记录学生在家里使用手机的用途、时间等，通过对比项目学习前和项目学习后的数据，从而更加直观地呈现学生发生的变化。

项目3：学校门口的安全出行

课程类型	课程类型	年级	课时数
及课时数	综合实践活动	四年级	10
所属学校	上海市浦东新区张江高科实验小学		
设计者	李晶		
实施者	李晶		

项目化学习由于较弱的学科特征以及丰富的活动主题，使其易于参与实践和组织实施，深受在校师生的欢迎。然而，项目化学习并不是简单地让学生完成活动做出成果，而是要让学生经历有意义的学习实践历程，培育学生创造性思考、灵活解决问题等能力。因此，如何有效设计活动和组织实践成为教师开展项目化学习所需直面的问题。本项目从学生每日接触的真实情境问题出发，围绕"学校门口的安全出行"展开研究，挖掘问题背后的原因，通过数据解释规律，在实践中提升综合素养，进而促进学习的真实发生。

一、为什么做这个项目

学校门口的藿香路是一条南北双向的四车道，道路两侧是多个住宅区和学校的大门。由于道路还算宽敞，路面的交通情况比较良好，但是每到早上和傍晚时段，这条马路就成了另一幅光景。

由于周边住宅区和学校坐落密集，每当上学和放学时，整条道路就会被挤得水泄不通。路面上满是停放的小汽车、行驶的公交车、载送孩子的电瓶车，道路两旁还有排队进/出校的学生和陪伴的家长，着实拥挤。两侧的路口也是一片拥堵，接送车辆排队进来，社会车辆挤着出去，时常发生交通事故。并且由于门口附近的斑马线未设置信号灯，学生需要穿过行驶的车辆才能抵达学校，这些都大大地增加了学生上学的安全风险。

尽管学校和家长都关注到了这个问题，并组建了家长志愿者护航孩子们的上学路，但是每天早上的护航工作耗费人力不说，配合不熟的家长和行动缓慢的学生反而使得路面的车辆变得更加拥挤，加剧了堵车和风险。

通过与学生们沟通，我发现许多学生已经意识到校门口的安全问题，他们提出了自己的观点和想法，并且希望能够参与改善这些安全隐患。在此背景下，经过对问题的进一步梳理，产生了活动项目"学校门口的安全出行"。

在本项目中，学生围绕驱动性问题开展研究，综合运用不同学科的知识技能，逐步深入研究造成学校门口车辆拥堵和产生安全隐患的因素，了解道路交通安全的基本常识，尝试根据学校的客观环境条件创造性地设计提高同学们出行安全的解决方案。

二、项目设计

（一）项目目标

1. 知道交通法规对于维持社会秩序的意义，了解常见设施和标识的功能，形成正确的交通安全意识，能客观描述学校周边的交通现象。

2. 通过统计、调查、访谈等方式开展研究，收集数据、分析规律，能用数据解释产生校门口拥堵现象的原因。

3. 结合实际情况，分析问题原因，围绕项目情境和驱动性问题，能够基于客观事实和已有资源，产生与他人不同的方法策略，创造性地设计解决问题的方案，并以场景模型或原型作品的方式呈现。

4. 梳理项目的研究过程，借助工具表达设计思路和研究数据，介绍解决问题的想法和方案。

5. 能够主动聆听同伴及其他同学的介绍和分享，思考并给出回应和建议。积极参与小组讨论，发表自己的观点并听取他人的建议。

(二) 挑战性问题

1. 本质问题

如何理解道路交通中不同主体之间的关系和影响,优化规则或设计方案,使不同主体的需求在特定情境中达到平衡?

2. 驱动性问题

学校门口的藿香路是一条繁忙的马路,每当上学和放学时,进出学校的学生与接送的家长们总是将马路挤得水泄不通,不仅影响正常的道路交通,还增添了许多安全风险。同学们,你观察过为什么会产生这样的现象吗?作为高科实小的一分子,你觉得可以如何平衡校门口车辆与人流之间的关系,在不影响交通秩序的同时,让同学们在校门口的出行变得更加安全?

三、项目实施

(一) 入项

在项目实施之前,我首先向全班学生布置了一个课前任务,要求他们在上学期间留心观察校门口的道路交通状态,了解同学们入校时的情况,为之后的入项活动作好准备。

进入课堂,我首先播放一段校门口的视频短片,带领学生回到每天上学入校的情境。接着,我基于情境提出问题并与学生展开互动,围绕"观察上学期间的校门口,你发现了什么?"组织讨论,从学生的视角来发现和讲述问题现象。

由于课前已经有过观察活动,因此,学生讨论的内容已经不再仅限于视频,许多学生提到门口人多拥挤、车辆多不安全、个别同学乱穿马路等现象。看得出,学生们通过观察已经意识到了上学期间的安全问题,这为本项目驱动性问题的提出打下基础。

不过,在这一轮讨论中,大部分学生的注意力还是集中在"人多车多"这一现象。于是,为了引导学生进一步深入思考,我接着抛出问题。

- 门口交通拥堵仅仅是因为人多和车多吗,还可能有哪些原因?

- 为什么除了上学和放学时段,门口的道路就非常通畅?
- 校门口拥堵的交通对我们的上学出行有什么影响?

围绕一系列追问,学生们开始回忆起自己看到的现象。例如常有车辆还未靠边就停车放下同学,还有一些车辆长时间停靠路边让同学吃饭,这些现象令道路变得更加拥挤;再如有些同学为了能方便地抵达学校,直接冒险穿过正在行驶的车辆,使得车辆不得不频繁停下让行;此外,随着天气变冷,越来越多的同学从坐公交和步行变成专车接送,这也使得学校门口的车流量在短时内大大增加。逐渐地,学生意识到,虽然校门口拥堵的车辆对自己上学造成了安全隐患,但也正是上学期间路过的同学们造成了道路的拥堵。

经过几轮互动,项目的驱动性问题已经逐步形成。于是,我顺着学生们讨论的内容,正式抛出项目的驱动性问题,并且分享学校关于"改善校门口学生安全问题"的工作计划,进一步强调项目的真实性。

得益于一系列的师生互动,学生对于驱动性问题已经有了比较完整的认识,充分理解了项目产生的背景、需要解决的问题以及期望达成的目标。并且,由于该项目的驱动性问题对于每个学生而言都是真实且息息相关的,因此学生对于项目的实施产生了浓厚的兴趣。

(二) 形成实施计划

子问题 1:为什么会产生校门口的拥堵与混乱现象?

为了有效利用课堂时间推进项目实施,整个项目通过课内外融合的方式进行。课前,学生根据各自的研究兴趣完成项目分组,并对校门口的问题现象开展进一步观察和记录,寻找"可能造成校门口交通拥堵和安全隐患的原因"。回到课内,学生分组就座,对过去一段时间深入观察后发现的现象进行交流。

不同小组研究的侧重有所差异,为了更好地向其他同学解释自己观察的现象,学生们纷纷使用思维导图、鱼骨图等可视化工具帮助交流,并从不同角度分享自己发现的造成交通拥堵和安全隐患的因素。

- 有小组发现学校两侧的路口经常产生拥堵,他们猜测这可能与信号灯和地面引导线设置不合理有关;

- 有小组认为学校门口附近的斑马线设置得可能不合理,造成有学生为了避免绕路而冒险乱窜马路进学校;
- 有小组尝试用数学的方法解释问题,他们发现校门口每增加1名学生,实际可能增加约2.3人,这是因为几乎每名学生都会有1—2名家长陪同上学。

通过不同小组之间的分享,学生们对于"为什么拥堵"这个问题有了更全面的认识,思考的深度逐步从最初表面的现象深入到产生的原因。接着,各组根据交流的结果分别选择一个问题现象作为关键问题在课后进一步开展研究,使研究的内容更加聚焦,例如:

- 通过研究调整道路划线的方式优化交通;
- 借助潮汐车道的原理优化门口的车辆;
- 设计能保障学生快速安全通过马路的装置;
- 利用校门口的绿化带优化等候入校的学生队伍。

为了保障研究过程的系统性和科学性,我为学生提供了一份空的行动计划表作为支架,引导学生通过绘制草图、流程图或文字描述的方式记录研究的问题、达成的目标、实施的方法,帮助学生厘清思路。与此同时,学生也会在课堂上分享各自的行动计划,补充并完善自己研究的过程。经过几轮的研讨和修改,每个小组都明确了自己的研究方向,拟定构思了研究的行动计划,并开展为期三周的深度研究。

(三) 开展研究实践

子问题2:如何借鉴已有的规则或秩序,解决校门口的问题现象?

本阶段在整个项目实施期间耗时较久,学生分组开展实践研究并形成自己的项目成果,活动主要采取课内外结合的方式进行。

课外研究期间,尽管每个小组已经有明确的行动计划,但实际的过程却并不一帆风顺,其主要原因在于还有许多与研究内容相关但学生尚未掌握的知识概念。而且,由于各组的研究方向不同,所以各自所需补充的内容也有差异,例如:

- 研究车道和停车区域规划,需要了解划线规范以及道路实际宽度;
- 研究路口转向引导线规划,需要了解路口引导线的种类及功能;

- 研究设计特定功能的简易红绿灯时,需要补充电子电路与程序设计的知识(参与项目的学生已有开源硬件的学习基础)。

为了更好地支持不同小组解决他们差异化的问题,我更加重视在为数不多的课内时间开展阶段性的活动交流。针对各小组不同的研究内容,我将课堂组织的重点放在引导学生学习"如何获取未知的知识"以及交流"学到的方法和概念"等共性活动上,帮助学生提升知识获取和问题解决的能力,支持开展个性化的研究和实践。例如:

- 阅读产品说明书、技术文档或者文献,用自己的语言解释概念;
- 仿造已有的规则、产品或者模型,梳理其中的规律或技术要点;
- 借助互联网资源,通过网络社区、百科等途径了解知识方法;
- 通过组内讨论和思维碰撞,解决认知冲突与尚未厘清的问题。

经过一段时间持续性的研究,各个小组在行动中不断建构自己对于关键问题的理解,同时也不断完善和优化各自的方案,最终形成具有一定理论依据的问题解决方案。

(四)形成项目成果

子问题 3:如何设计解决问题现象的方案,并将方案的思路和实行过程呈现出来?

尽管围绕关键问题的解决方案已经形成,但是为了更好地解决项目驱动性问题,将各自的方案以直观的方式呈现给他人,学生还需要围绕自己研究的内容和方案设计一份成果作品。受限于四年级学生对于技术和工具的实际掌握水平,成果作品主要以原型模型或沙盘模型的方式呈现。

例如,有小组的解决方案是带有特殊功能的便携红绿灯,于是他们的成果便是一个仿真的迷你红绿灯。其中,红绿灯的造型以纸板箱、薯片罐等材料为主,亮灯、发声和时长控制等功能使用开源硬件、LED 彩灯、蜂鸣器等电子元件制作完成。

再如,有小组的解决方案是对校门口及附近区域的道路规划进行重新设计,因此他们的成果作品是一个能够帮助解释方案意图的沙盘模型。沙盘模型主要用硬卡纸、软泥、彩笔、微景模型等材料制作而成,展示校门口的道路标识、停车位、学生等候区等内容的规划和设想,呈现方案中的关键要点。

图 3-1 学生的项目成果作品

在本活动项目中,成果作品不一定是能直接解决问题的产品,但是它一定能够解释和呈现学生对于驱动性问题及关键问题的理解和思考。由于各组研究方向的差异,最终形成的作品样态也是各有不同。

正如文中的两个成果作品,前者是工程与技术的产物,后者是艺术与劳技的结合。尽管它们对于学生能力和技术的需求各不相同,但它们最终都能有效地呈现学生对于关键问题的理解。

(五) 出项

最后的出项阶段,各个小组分别上台展示和分享自己在这个项目中的学习和成果,通过相关数据、照片、视频等方式表达自己对驱动性问题和关键问题的理解,借助原型作品或模型展示指向驱动性问题的解决方案。在台上学生展示成果的同时,台下学生除了聆听之外还要针对项目的成果和研究的过程进行提问,并对其综合表现进行评价。

1. 借助评价策略,丰富出项展示的过程和内涵

对出项展示的评价主要从三个维度展开,分别是项目方案、研究方法和成果介绍。其中,项目方案主要围绕项目成果本身进行评估,包括方案是否符合校门口的客观条件、是否有改善安全问题的可能性、是否具有创意性等。研究方法主要围绕项目实施过程进行评估,包括是否有真实的研究过程、过程材料是否完整等。成果介绍主要围绕现场表达进行评估,包括能否团队合作展示、表达是否清晰完整、能否合理运用媒体资源等。

图3-2 学生开展出项展示与评价

在评价打分阶段,为了平衡不同学生的观点和想法,主要采取先组内商议后小组打分的方式进行。大部分小组是以组长为代表统一组内成员建议并填写评分表,个别小组是组员授权直接由组长打分。经过展示和评价,最终完成班内各小组的出项活动,并选拔出优秀项目成果和解决方案。

2. 通过项目复盘,促进研究意识的形成与发展

纵览各组的出项展示与成果,不乏过程完整且成果富有创意的方案。例如有一组学生围绕校门口的车流量问题开展研究,他们猜测造成车辆拥堵的原因可能与大量住宅区车辆涌入马路有关,于是分别在路口和住宅区门口蹲点计数、统计

规律，最终验证了自己的猜测。基于这个观察，他们提出方案：与住宅区的居委协商在特定时间限制部分出口的车辆改道至其他出口行驶。整个分享的过程有理有据、层层递进，组员之间合作默契、表达流畅，台下同学纷纷给予高分。

除了挖掘优秀的项目成果，通过出项也能发现一些小组在项目实施过程中产生的问题。例如有一组学生为了解决校门口的停车问题，考虑利用学校外围空间设计一个临时停车场，但他们没有真正测量该区域的空间大小，而是简单地通过地图软件进行估测，最后的解决方案缺乏严谨性，受到班内其他学生的质疑。而相似的研究内容，另一组学生则通过新闻了解到周边区域即将建造大型停车场的建设规划。于是，他们基于规划提出利用停车场减轻送学车辆停车压力的实施建议和方案，由于具有一定的真实性和可行性，得到班内其他同学的认可。

在出项阶段中，有些成果出色，有些差强人意。但无论是怎样的展示，对学生都能够产生正向的促进作用。通过对比不同的成果，学生直观地感受到真实的研究过程对于解决项目问题的重要性，从而形成良好的研究态度和意识。

虽然已经出项，不过项目的研究其实并未彻底结束。在之后的活动中，部分小组的方案将被选择并放在校门口试运行，用于测试方案的真实可行性，采集数据并对方案做后续的改进优化，最终尝试申报成为校级方案。

四、项目评价

本项目主要以过程性评价与终结性评价相结合的方式评估学生在活动中的具体表现。评价以过程性评价为主，终结性评价为辅，并且将学生作为评价主体，鼓励学生之间的互相评价。其中，参与评价的学生可能是同组的伙伴、别组的同学，也可能是不同年级或班级的学生。

（一）指向行为的过程性评价

在本项目中，过程性评价主要围绕学生对问题的分析、研究、实施等行为展开。为了更好地评估学生在项目中不同的行为表现，我基于学校的评价系统，从沟通分享、团结合作、问题解决、信息收集、创意表达五个维度开展评价。每当学生在相应维度的表现有所突破或者成长,就能够在学校的积分评价系统中取得相应积分,积分最终会成为学生成长画像的一部分并可用于校内的其他活动。五维评价贯穿于项目实施的每个环节,这使得评价不仅成为评估学生学习表现的标准,同时也成为激励学生参与项目实施的动力。

表 3-1 活动项目五维评价指标

评价指标	评价描述
团结合作	能够理解自己和合作伙伴的角色,基于成员擅长的内容领域,制定合适的参与规则,妥善处理交流沟通中的问题。
沟通分享	能够通过合适的方式与同伴或他人交流想法,表达形式丰富、观点准确、内容新颖、个性鲜明。
创意表达	能对已有观点或资料从不同的视角进行分析和论证,形成不同以往的策略、技术方法或问题解决方案。
信息收集	能够合理地对信息进行分析、加工和处理,从中提炼出自己的观点,为说明观点提供证据支撑。
问题解决	理解所要解决问题的约束条件,确立目标并采取合适的行动完成任务,持续监控、优化或迭代成果。

在五维评价的基础上,为了进一步鼓励学生在团队活动中"动起来",我在项目中实行"先组间评,再组内评"的积分评价分配机制。在这个机制中,首先将每

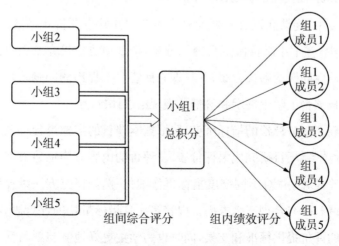

图 3-3 积分评价分配机制

个小组作为一个整体开展组间互评并给予小组积分,然后各个小组评估组内成员的具体表现并将小组积分分配到个人。这样的分配机制能够根据每个学生的实际表现将积分以绩效的方式进行分发,从而激发学生在团队活动中的能动性,使整个项目的活动过程真实运转起来。

在组内互评的过程中,为了使学生的评价更有标准,我又为学生提供了《团队合作表现评价表》作为支架工具,引导学生能够客观公平地开展评价。

表3-2 团队合作表现评价表

评价标准		
优秀	一般	须努力
主动参与团队活动,经常发言提供建议。	能在他人鼓励下参与团队活动,较少发言。	基本不参与团队活动,不发言。
积极参与项目实践活动,搜集信息并提出个人建议。	参与部分项目实践活动,收集信息但不完整。	未参与各类信息收集或项目实践活动。
参与制作项目成果,完成自己的任务并协助同伴。	参与制作项目成果,能完成自己的任务,但较少帮助他人。	不主动或未参与制作项目成果,没有完成自己的任务。
团队同伴关系密切,沟通高效并且顺畅。	团队同伴关系较好,沟通有时不畅。	与团队关系较差,无法有效沟通。

(二) 指向问题解决的终结性评价

在本项目中,终结性评价主要通过生生互评和师生评价相结合的方式展开。在出项阶段中,各个小组依次上台展示分享,借助项目成果介绍各自的研究过程以及关于驱动性问题的解决方案,并且即兴回答台下提出的问题。台下聆听的老师和学生则根据台上学生展示和答辩的表现给予评价。

为了明确和细分评价的指标维度,我根据本项目的实施过程以及项目成果的共性特点,设计了《项目研究成果评价表》。评价的内容分为项目方案、研究方法、成果介绍三个维度,并对不同维度指标再作细化,例如研究方法维度细分为研究数据、研究过程、研究合理三个方面。内容多元且指标量化的评价表,不仅为学生对项目成果的评价提供标准和支架,同时也为学生更好地参与项目活动提供引导和帮助。

表3-3 项目研究成果评价表

类别	评价标准		
	良好	一般	须努力
项目方案	研究的成果具有实用价值,研究内容与校门口的安全问题密切相关。	研究成果有一定的价值,研究内容与校门口交通安全有关。	研究成果缺乏实际价值,研究内容与本项目主题无关。
	研究成果具有科学性,符合交通法规的要求,满足校门口的客观条件。	研究成果具有一定的科学依据,符合法规要求,但不完全符合校门口的实际情况。	研究成果缺乏科学依据,不符合法律法规,难以实施或无法改善实际问题。
	项目方案描述清晰,能够正确表述设计思路,有完整数据证明,表达准确,没有歧义。	项目方案描述基本清晰,能基本表述清楚思路,缺少完整数据证明,部分内容存疑。	项目方案说明不清晰,无法清楚表述设计思路,缺少数据证明,内容可信度较低。
	应用前景良好,具有持续推广的潜质,可适用范围广泛。	能够在特定场景应用,局限性较大,改进后可以推广。	缺少可应用的场景,不具备推广价值。
研究方法	实施过程记录详细,过程具有科学性,符合研究的一般规律。	实施过程比较详细,能够从中了解项目的实施过程,基本满足科学要求。	实施过程记录不详,无法了解完整的实施过程,研究过程缺乏科学性。
	研究计划规划完整,实施过程符合计划。	研究计划规划不完整,实施过程有明显差别。	缺少研究计划规划,实施过程比较混乱。
	研究过程完整,具备提出问题、分析问题、解决问题等环节。	研究过程比较完整,缺少部分研究环节。	研究过程比较混乱,缺少大部分研究环节。
成果介绍	熟练运用媒体资源介绍和展示项目成果,媒体资源运用恰当,能起到点睛的作用。	能够借助媒体资源介绍项目成果,将成果和方案基本讲清楚,但过程缺乏亮点。	不使用媒体资源介绍,且过程枯燥,无法将成果或方案介绍清楚。
	成果介绍内容完整,思路清楚,有重点和特色,生动有吸引力,能以团队形式分享。	成果介绍比较完整,实施过程清楚但缺少重点,有团队介绍,但合作不默契。	成果介绍内容较空,思路不清,过程缺乏重点和吸引力,缺少团队合作。
	项目成果具有创造性,能通过相关资料证明创意的独创性。	项目成果具有一定新意,但独创性不足,有借鉴的成分。	项目成果有严重模仿痕迹,缺少创造性和独创性。
	具有2个或以上的创新点,且能够在实际生活中解决问题。	具有1个或以上创新点,能够解决实际问题,但比较难实施。	成果中无创新点。

除了围绕项目成果的评价,在本项目中,终结性评价还包括对项目实施过程

的综合评价。由于在项目实施过程中包含多次实践调查活动,为了引导学生真正地参与项目实践,对活动过程的复盘和评价也成为终结性评价的重要组成部分。

从入项开始,每个小组会得到一个专属的文件袋作为该组的学习档案袋。在项目的实施过程中,每个小组可以将自己的过程性材料留在学习档案袋中,例如行动计划、调查数据、设计草图等,并于出项阶段作为成果的一部分进行展示。因此,档案袋在本项目中不仅是记录过程材料的工具,同时也是开展终结性评价的重要依据。

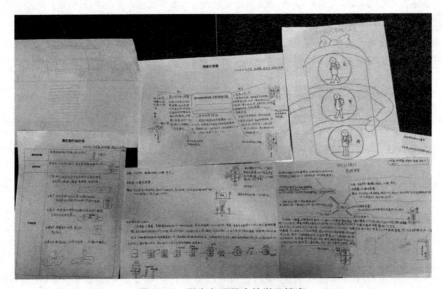

图 3-4 学生在项目中的学习档案

五、关键问题探讨

得益于入项前的观察体验以及切身相关的驱动性问题,学生很快就能融入项目情境并对项目内容产生浓厚兴趣。但是,项目的实施推进并不总是符合预期,其间仍会出现许多新的问题,大抵可以分为以下两种。

第一种是研究的过程不真实。面对驱动性问题和阶段问题时,许多学生会习惯性地根据已有认知经验作答,而不是基于客观的事实和数据,缺少科学的研究过程。换句话说,学生对于问题的回答,往往是"我认为""我觉得",并且这些结论常常缺乏客观的理由或证据来支撑。

第二种是对问题的思考不深入。在活动中,虽然大部分学生能够发现马路上车多、人多等现象,但很少有学生主动思考背后的原因。而对于本项目而言,要形成解决驱动性问题的方案,正需要先发现问题现象背后的原因,然后尝试针对性地解决问题。

产生以上现象的原因,主要是因为四年级学生在研究方法和研究习惯方面的不足。为此,我尝试通过搭建学习支架的方式,引导学生更加深入地分析问题,并将抽象的思考过程记录下来。

首先,通过连续问题激发持续深入思考。在活动中,学生不仅要关注发现了怎样的问题现象(What),更要思考产生问题现象的根本原因(Why),以及如何设计符合客观条件的解决方案(How)。为了更好地引导学生,我尝试使用5W1H的方式提问学生,并鼓励学生用这种方式进行自问。

What:了解或发现怎样的问题现象?

Where:现象发生在什么样的真实场景中?

When:现象何时出现,持续了多久?

Who:现象与哪些角色或对象有关?

Why:现象产生的原因及关联的因素?

How:围绕现象的原因如何设计解决方案?

其次,运用思维可视化图形工具将抽象的思维过程具象化。图形工具的应用场景可分为两类:一类是在课内师生互动中使用,用来梳理课堂中生成性的内容;另一类是在课后实践研究中使用,用于记录实施过程中产生的思考和内容。图形工具的种类繁多,包括思维导图、流程图、时间轴图等,在项目活动中可以根据实际的内容需求选择使用,例如:

思考入校期间的安全隐患时可以使用思维导图;

描述方案及设备工作过程时可使用流程图;

对比不同问题现象的异同时可使用韦恩图;

记录不同时段不同对象的行为时可使用时间轴图。

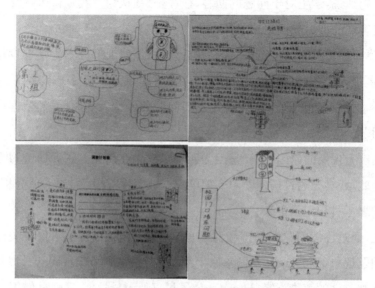

图3-5　学生绘制的思维导图

再次,借助数据统计工具使项目研究过程更加真实。四年级学生经过学习,已经掌握数据统计的基本方法,能够绘制数据表格和统计图。因此,我在项目中为学生提供表格支架,组织学生综合运用已有的学科知识采集和统计数据,做到"用数据说话",使学生经历真实研究过程的同时养成良好的研究习惯。

最后,项目中还用到诸如微视频、操作手册、在线讨论平台等学习支架,进一步帮助学生开展真实的实践活动,支持学生在项目活动中不断深入思考问题并持续研究。

四年级的学生虽然已经具备一定的学科知识和技能基础,但是在复杂情境下开展实践研究和抽象思考的能力尚且薄弱,因此会倾向于依靠已有的经验和印象解释问题。在项目过程中围绕问题分解、思维具象、数据表达三个方面搭建学习支架,对于该年段学生参与活动项目化学习具有帮助作用,能一定程度上弥补他们在研究习惯、抽象思维等方面的不足,最终促使学习在项目的实施过程中真实发生。

第二部分

学科项目导读：如何设计与实施学科项目化学习[①]

从以往的课程改革历史来看，诸如基于问题的学习、研究性学习、探究型课程等探究类的课程，在学校中往往是与学科课程泾渭分明。为了应对外界的多重甚至矛盾的需求，学校的课程结构往往会发展出分离的方式，在学科课程中采用传统的学习方式，在活动式探究类课程中采用比较"新颖的、以学生为中心的"学习方式。这样看上去学校的课程是丰富了，也有一些教学的变革意味，但是至少有两个重要问题无法解决：

第一，学生在主要学科领域的学习方式并没有发生实质性的变化；

第二，边缘化的探究活动质量不高，活动热闹有余，而思维含量不足，很难确定学生到底学到了什么。

由此产生的一个矛盾现象是，学生一方面在需要考试的课程中分秒必争地进行重复性训练，一方面，又在低质量的粗糙活动和所谓的探究中消磨宝贵的学习时间。因此，在目前国内分科教学为主的教育生态下，只实行独立的研究型形态的课程，并不能改变学生的常态学习体验和经历。[②]

本部分中，我们试图通过对"学科项目化学习"的阐述，让大家认识到，在学科中也可以进行项目化学习，可以将项目化学习的要素融入学科中，作为素养视角下的系统化的学科实践，这种学科项目化学习并不会违背或削弱学科，反而可以深化学科能力。

一、学科项目化学习的内涵与特征

在我国分学科的教育背景下，以一个学科为主要载体，聚焦关键的学科能力

[①] 本部分作者为夏雪梅。
[②] 夏雪梅.项目化学习设计：学习素养视角下的国际与本土实践[M].北京：教育科学出版社,2018：128.

和概念，进行学科与学科、学科与生活、学科与人际的联系与拓展，用项目化的载体呈现出来，基于课程标准，依托教材，应该是国家课程高质量实施的一条可行路径。

（一）学科项目化学习的内涵

学科项目化学习是什么？简而言之，学科项目化学习是用学科的思想方法、视角和眼光来研究真实世界中的问题，形成学科项目成果，达到对学科关键概念深度理解的一种学习方式。学科项目化学习需要学生进行学科实践，将项目化学习的设计要素融入学科教学，将低阶认知"包裹"入高阶认知，同时培育学生的学科核心素养的问题解决、创造性等学习素养。

（二）学科项目化学习的特征

学科项目化学习具有怎样的特征，和通常的学科学习又有怎样的不同呢？

第一，从素养目标的定位说，学科项目化学习从总体上说是指向素养的，具有统整性。不仅指向学科素养，也指向学生发展核心素养中与学习、价值观有关的部分。学科项目需要学生经历学科实践，学会用学科的思想方法和视角对真实问题进行分析，综合学科的相关知识去解决问题，这些是学科素养奠基的基础。而在教师支持学生解决学科真实问题的过程中，又同时培育了学生沟通交流、合作、创造性思维等具有共同性的学习素养。

第二，从指向的知识样态说，学科项目化学习的知识观指向的是与学科本质有关的核心概念的整体理解。学科项目化学习中对知识的定位更综合、上位，指向学科思想与目标。在一般的学科教学中，比较常见的是知识点的教学，大量的内容挤占了教师和学生深入探索某一个概念的时间。埃里克森（Erickson）认为，学习的关键在于形成概念性思维，需要学生运用概念来整合思维，进行迁移。他也指出，知识太零散，太多，要对所有的知识要点进行切割，平均用力，每一个知识点都要覆盖到，这就很容易陷入成千上万的零散知识和技能之中，反而失去了理解的深度和整合运用的可能性。① 学科项目化学习则是用学科核心概念作为聚合器,不断地聚集更多的知识信息,将事实性的知识整合起来。

第三,从课堂样态上说,学科项目化学习往往采用单元(Unit)的形式。学科项目中的单元可以是教材中现有单元的改造,也可以选取单元中的部分要素,或者整合教材中的几个单元进行项目单元的设计。不管是哪种样态,学科项目化学习都展现出持续探究式的学习历程,打破了原来学科学习中单课落实的特征。学科项目化学习需要提出一个指向学科关键概念同时又能吸引学生投入解决的驱动性问题,课与课之间不是孤立的,不是知识点关联的,而是呈现出问题解决的项目逻辑,从入项活动中提出驱动性问题,组建项目小组,明确问题特征,到建立与以往知识间的联系,形成分析量规,再到初步形成结果,最终的公开成果展与出项活动,环环相扣,层层递进,体现项目逻辑与知识逻辑的统一。

(三) 学科项目化学习与其他相关学习方式的区别

学科项目化学习与学科拓展活动的功能和定位是不一样的。首先,学科拓展活动一般是提优或补差,是正式课程之后的补充。学科项目化学习是对核心知识的深度理解,它本身就是正式课程,是对教材单元教学的转化和优化;其次,学科拓展活动一般是零散的,琐碎的,设计性很弱,而学科项目化学习具有学习设计和课程设计的系统性,需要整合考虑知识、认知策略、学习实践、个体和团队的学习成果等诸多方面;再次,在设计学科的项目化学习时,如果只是拘泥于特定的细小的知识点,其实是没有必要设计项目化学习这把"牛刀"的,学科的项目化学习是要超越原有对知识的"点"式理解,从更高一层的"网"的角度来思考这些知识在真实情境中的可能性,因为孤立的"点"更需要的是"打桩"式的反复操练,而相互关联的"网"则需要在不同条件下的灵活判断和决策。

学科项目化学习和跨学科项目化学习也是不一样的。学科项目化的核心知识、成果、评价主要基于这一门学科中的核心知识,知识网络也基本在这门学科中

---

① Erickson, Lanning, French. Concept-Based Curriculum Instruction for the Thinking Classroom [M]. Thousand Oaks. CA: Corwin Press, 2017: 33-34.

绘制,学科关键概念的提出和实践化是学科项目化设计的核心。这并不是说学科项目化学习只在这一门学科中打转,不涉及任何其他学科。学科项目化学习仍然有可能涉及其他学科,可能会用到其他学科已经学过的知识和技能,个别学生也可能会在此过程中加深对其他学科的理解,但这些并不作为主要目标或评价。而跨学科项目化学习的核心知识是来自于两个学科及以上,是这些学科不可分割的整合理解,单一学科的知识网络无法解决跨学科项目化学习中的问题,最终的项目成果也综合体现了多个学科的共同作用。

二、学科项目化学习的类型

学科项目化学习旨在支持学生在解决学科真实问题中学会像专家一样思考和实践,而这种思考和实践的性质、复杂程度是不一样的。这就会产生多种类型的学科项目。最典型的分类是按照学科领域来分,如语文项目、数学项目、历史项目、物理项目等。我们也可以按照学科项目中包含不同层级的知识和问题的复杂程度来划分,如按照项目化学习所覆盖的学科知识范围的大小,可以形成四类学科项目。

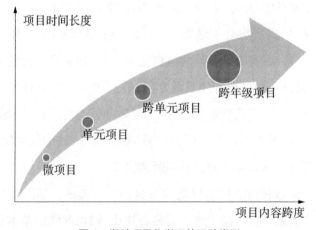

图 1 学科项目化学习的四种类型

(一) 学科微项目

第一种是基于知识点的综合应用形成的学科微项目。学科微项目是由 2—3 节课构成的项目,综合知识对某个有真实性的问题进行的小项目。学科微项目是项目化学习的微缩版,实施过程中既保留了项目化学习问题驱动,有可见成果等关键要素,又克服了项目化学习时间长、跨度大等问题,便于在有限的时间内开展。学科微项目的核心价值取向和设计思路与学科、跨学科项目化学习基本一致。

学科微项目可以选择单元中的知识要点结合真实的生活情境而设计,比如端午节来临之际,数学学科结合立方体部分的知识,提出"如何用立方体设计一款既美观又能体现端午特色的作品?"的驱动性问题,学生可以综合运用各种类型的立方体为端午节设计特色作品,在设计中加深对立方体的认识,进而举行线上端午几何展。

(二) 学科单元项目

学科单元项目是指基于学科教材单元的指向单元目标并具有项目化学习特征的项目。基于特定的单元概念,数学中如圆、可能性等单元,语文中如写作单元、活动探究单元等,都很适合整体转化成学科单元项目,这种项目通常用原有教材单元教学的时间。单元教学被认为是落实核心素养的重要途径之一,也是国家课程高质量实施的重要抓手。学科单元项目顺应这一需求,基于学科课程标准,提炼单元大概念或核心知识,以此为基础设计本质问题和驱动性问题,并遵循项目化学习设计的基本框架和实施的基本流程,落实学科单元整体目标。

在本部分的三个项目中,"我为老师做软件""送给童年的诗"都是学科单元项目。前者依托于六年级信息科技"图形化编程"单元,致力于在真实地为教师解决问题的过程中提升学生的信息技术素养;后者依托部编语文教科书四年级下册的"现代诗歌"单元,围绕"如何创作现代诗歌"让学生理解现代诗的特点,学会运用现代诗的语言形式,提炼生活中的素材创作诗歌,表达自己独特的情感体验,形成原创的诗歌作品并进行迁移创作。

（三）学科跨单元项目

第三种是组合教材中的相关单元形成"意义单元"，可以是具有类似单元目标、内容、概念的单元，也可以是具有迁移意义的单元，比如将同一册的历史故事单元和神话故事单元共同组合到故事项目中，引导学生比较和迁移故事的深层结构。学科跨单元项目是指对具有类似单元目标、内容、大概念的几个单元在同一册教材中进行组合的项目。学科跨单元项目需要教师更深入地理解具体知识背后的大概念，揭示教材内容之间的逻辑关联，并以大概念为核心，以主题为引领，围绕一个真实情境中的问题，选择并整合分布于同册教材中不同单元的内容，从解决问题出发设计项目，使核心知识结构化，助力学生建构知识体系。

（四）学科跨年级项目

第四种是跨年级的项目，会涉及更具有包裹性的大概念，组合不同年段教材中的不同单元。比如本部分的第一个项目"疫情下如何设计全体同学的出操方案"即属于这种类型，在解决问题中涉及二年级的"正方形、长方形"、三年级的"米与厘米""分米的认识""多位数乘法"以及三年级和五年级的面积单元等多个单元。跨年级项目通常会按照学科大概念的方式来进行组织，即形成对具有进阶性的大概念、学习目标在不同册教材中进行组合和重构的项目。学科跨年级项目需要教师立足学科整体高度，梳理由简单到复杂、相互关联的概念序列，并以主题为引领，基于学科课程标准要求整合解决真实问题的学科内容，设计适合处于不同学习阶段学生的项目，帮助学生逐渐深入对某一大概念的理解。

上述多种的项目样态都是根据教材内容原有编排顺序进行的二次开发，引导教师从"教教材"转向创造性地"用教材"，从真实问题的角度进行统整设计。在实践过程中，不同项目样态的划分，突破了课时安排、教材内容活化的困境，促进了项目化学习常态化地开展。

三、如何设计学科项目化学习

学科项目化学习能促进学生主动投入学科实践，产生学科成果，对于学生在学科领域中的概念性知识的掌握、事实知识的深化都有重要的影响。那么如何设计学科项目化学习？我们提出了下列相关的设计原则和思路。

（一）边界思考

在课程改革的过程中，适当的妥协和变革都是需要的。在素养视角下，如何根据当下现实的情境条件调整到教师、学校可以接受的角度，这是任何抱有改进意愿的研究者和实践者都应该思考的。面对当前大规模的班额，教师们繁重的教学任务，分科教学，高利害的测评，项目化学习应该如何在学科中生长呢？

我们认为，学科项目化学习的设计至少要保证如下几个方面：

第一，不额外大量增加课时，就用原有的教材单元课时的时间。新课标的颁布为学科项目的开展留出了时间，10%的课时可以有很多种使用的方法，而一个学期中如果学生参与2—3个项目，就完全可以合理地达成课程方案基于学科的课程综合化的目标。此外，学科项目的主题还可以和综合实践活动的主题设计相对应以达到增值的效果；

第二，不额外大量增加课外材料。以国家教材为主，通过对教材单元内外的创造性重组和微调来进行项目化学习的设计而不是大量引入其他校本材料；

第三，不降低学业质量。在前期的实验中，我们的宗旨就是不能降低学业质量，这是学校和教师安心投入的保障。我们发现，遵循项目化学习的特点和设计要素，澄清核心知识网络，做好过程性评价是可以达到目标的。

研究者倡导任何新的变革，都需要考虑到广大学校的现实制度难题。有了这三点，至少学校和教师就有了进行学科项目化学习的起点和保障，降低了变革对学校组织的冲击。在原有的课时框架内，在不换掉或不大幅度增加额外材料的情况下，通过对教材的创造性重组和对知识、学习实践、评价等的再设计，达到既保证学业质量，同时又能增进学生学习的主动性和思维灵活性的目的。为此，在这个阶段，我们所进行的学科项目化学习是基于学校现实起点的可行性变革，这是课程变革中一种"保守的进步"的变革策略。

(二) 六维度架构[①]

高质量的项目化学习不仅是学习方式的变革,也是一种中观的单元设计,会涉及知识观的变革,涉及学什么、怎样激发特定年段的学生投入学习,如何保证学习的历程有意义、学习的结果怎样评价等问题。基于对上述问题的回应,学科项目化学习的设计分解为如下六个维度。

1. **学科项目目标**:指向学科核心素养的学科项目目标是什么?学科项目目标中要提出学科关键概念,支撑这些概念的具体知识与技能,学科项目目标中还包含了 21 世纪技能、态度、价值观等的阐述。

2. **学科真实问题**:学科项目化学习用什么样的挑战性的、真实性的问题情境驱动学生主动投入思考?学科真实问题通过本质问题与学科知识建立联系,又通过驱动性问题与真实世界建立联系。学科真实问题在认知层次上都是高阶的。

3. **学科实践**:学生将在解决学科真实问题中经历怎样的学科实践?学科项目要支持学生像学科专家一样解决问题。为此需要预估学生可能遇到的难点,结合学科领域专家可能的实践或思想方法,进行学科支架的设计。

4. **学习实践**:学生将在解决真实问题中发展怎样的跨学科能力?学生在解决学科真实问题中进行学科实践的同时,将会同时经历富有探究性、合作性的学习实践,可以通过通用性的探究、合作等学习工具的引入培养学生的跨学科能力。

5. **学科成果**:项目将期待学生产生怎样的公开学科成果?学科成果需要解决学科真实问题,并指向学科项目目标。

6. **学习评价**:如何评价学生在学科项目中的学习过程和项目成果?学科项目中的评价可以通过学生完成项目过程中的表现和成果来判断。

这样系统综合的思考超出了原来"单课设计"的范畴,是在知识观、学生学习、学习关系等多个层面上进行的统合,是富有探究性的学科单元的设计。这在一定程度上可以解决分科教学和探究的矛盾。学生通过项目来学习学科中的重要观念、概念、能力,而不是作为传统课程结束后的展示、表演、附加实践或例证。学科

[①] 这一版本中的六维度设计、双线设计、设计要素等内容是在夏雪梅"项目化学习设计:学科素养视角下的国际与本土实践一书中学科项目化学习"部分的六维度基础上的新的迭代。

项目化学习中的高阶学习,不仅仅是说出定义或举出例子就可以了,而是能在新的情境中迁移与运用、转换,产生新知识。①

(三) 双线设计

这六个维度在学科项目化中表现出双线并行的特征。也就是说,一方面,它的设计是基于课程标准中的关键能力或概念,另一方面又指向创造性、批判性思维、探究与问题解决、合作等学生发展核心素养中与学习有关的素养。用简图表示如下。

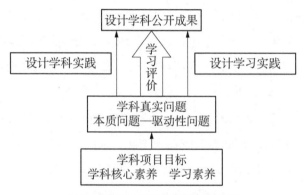

图2 学科项目化学习双线设计简图

1. 确定学科项目目标

学科项目目标中至少包含两个大类。一类是学科核心素养,一类是学习素养。这两类目标是在漫长的项目化学习演化中逐步明确的,两者之间是相互依存与促进的关系。就学科核心素养而言,在新的义务教育课标中,各学科都进行了阐释,尽管各种学科核心素养的具体阐述并不一样,但都具有统整性、迁移性等关键的特征。

学科核心素养是有结构的,包含学科大概念、学科单元概念、具体知识技能、态度价值观等不同的成分。在学科中进行项目化学习,首要的不是先去设计活动,而是确认在这个阶段学生需要进行深度理解的学科概念。对于习惯了"知识

---

① Gordon, R. Balancing real-world problems with real-world results [J]. Phi Delta Kappan. Bloomington 1998, 79(5): 390-393.

点"教学的老师而言,这并不是一件容易的事。学科的"核心"往往隐藏在课程标准中,是构建这个学科的重要内容、思想方法、原则与精神,它需要被揭示,是通过深入探究而形成的结果,是各个领域的专家思考和感知问题的方式。老师们需要阅读课程标准,综合理解本学期的教学目标,确认知识点之间的关联,寻找上位的相关概念,老师们还可以通过通读教材寻找单元之间的关联。学科项目化学习中是用这个学科的核心概念来统摄下位知识,形成知识网,其他学科如果有涉及的相关知识也可以放在其中,但不作为目标重点。

除了学科核心素养,在学科项目目标中还需要确认项目中需要关注的学习素养,有些学科的核心素养中会自然地包含这些部分,比如语文项目中的沟通、交流能力等。如果学科项目会培养学生搜索信息、提出问题、基于证据的表达,提出创造性的观点等能力是需要明确地在项目中列出,以便进行后续的教学与评价的。

2. 设计学科真实问题

学科项目是通过开放性的、带有一定挑战性的学科真实问题来驱动的。从设计的角度而言,要区分本质问题和驱动性问题。本质问题是教师为了促进核心知识的学习目标而提出的抽象问题,学科项目化学习中的本质问题是有学科性的,是回答这个学科中的关键问题。驱动性问题是面向特定年龄段的学生,有很强的情境性,引发学生投入情境中的思考、探索。

以"疫情下如何设计全体同学的出操方案"为例,就提出了一个真实的问题:原来学生每日都到操场上集中出操,但是为了要满足"人与人之间间距1米"的限制,学校体育组老师调整了原出操方式,单数和双数班级轮流每天到操场上做操。学生小记者团通过实地调查和访谈发现同学们并不喜欢这种出操方式,他们想每天都能呼吸室外的新鲜空气,到操场上伸展筋骨。如何既满足疫情防控要求,又能满足孩子们每天都能全部到操场上出操的需求,就是一个真实的问题。而从这个"日常真实的问题"转变成"数学真实的问题",就是引导学生形成用数学眼光去分析问题的过程,是学生数学素养形成的过程。

学科项目化学习中的驱动性问题是一种学科真实问题。这类问题的提出指向学科与真实世界相交的地方,需要学生用学科视角和眼光去分析真实问题,这改变了原来学科学习中从低阶开始并且主要在低阶学习附近徘徊的特点。学科项目化学习更强调用高阶来带动低阶。驱动性问题要有一定的挑战性,从开始贯穿到最终,让学生在解决驱动性问题过程中整合学习基础知识与技能。

学科项目中的问题都指向高阶认知。根据马扎诺(Mazano)的分类,高阶的认知策略有问题解决、创见、决策、系统分析等六类。[①] 驱动性问题中就蕴含着认知策略,同一个问题怎么问,要求怎样的项目成果,认知策略的高低程度是有差异的,保证驱动性问题的高阶性是项目化学习引发学生持续探索的前提。高阶认知策略在使用中会涉及大量的低阶认知策略,背景知识的获取、已有经验的搜寻、组织、比较、分类等共同组成了项目化学习的认知策略。

3. 设计学科实践

项目化学习不是走流程,而是要让学生经历有意义的学习实践历程。就学科项目而言,这种实践同时带有学科实践的特征和学习实践的特征,在项目中同时培养学科核心素养和学习素养。

就学科实践而言,在科学项目化学习中,需要设计和让学生经历提出科学问题、进行科学论证分析、运用科学模型等实践;在数学项目化学习中,可以凸显学生作为数据观察者、数据收集和分析者、依据数据进行决策者等角色,让学生用符号化、模型、数形结合等数学思想方法,进行数学运算、直观想象、数据分析等数学实践;在语文项目化学习中,随着诗歌项目、童话故事、整本书阅读等项目的不同,学生要经历的言语实践也会随之而生,需要进行记诵、创作、阅读、积累、比较分析等大量的实践。学科实践的本质在于让学生"像学科专家一样"去进行思考和探索,在解决学科真实问题中活学活用知识。

4. 设计学习实践

学科项目中的学习实践与学科实践密不可分。就学习实践而言,项目化学习需要学生的亲身实践,不是观看,也不是只动手,做出来就可以了,这种"行动"或"制作"是带有思考、假设、验证概念性质的,是动手动脑,整合了技能、态度的行动。我们提出项目化学习中6类通用的学习实践:创造性实践、探究性实践、社会性实践、调控性实践、审美性实践、技术性实践。这些学习实践都广泛地存在于几

---

① 罗伯特・J.马扎诺,约翰・S.肯德尔.教育目标的新分类学[M].北京:教育科学出版社.,2012.

乎所有的学科项目中：探究性实践，如何提出问题、搜集信息等，社会性实践如倾听、沟通、交流、合作等，创造性实践如如何提出自己独特的观点等。并不是所有的学习实践都需要在项目目标中列出，也不是所有的学习实践都需要接受评价。

5. 设计公开学科项目成果

学科项目化学习中的成果往往带有较强的学科性，是能反映学科本质问题的成果。要避免的误区是：学科项目最后不产生任何成果，或产生的成果与学科核心知识没有关系，或从成果中并不能反映学生对学科真实问题的新理解。学科项目成果并不一定要真正解决驱动性问题，也可以是在方案层面上模拟解决，但这种解决仍然要具有思维上的真实性。在成果的量规中需要有对核心知识达成程度的评价。学科项目的成果公开，可以面对模拟用户或相关学科领域的专家，引发讨论和分析，促进学生的反思和深入理解。

6. 设计逆向的全程评价

学科项目化学习中的评价从学科项目目标的确定就开始了，而驱动性问题给定了评价的主要情境，评价促进学生对学习成果和学习实践设计的逐步完善。学科项目化学习依托学科核心素养和学习素养，会同时设计指向这两个维度的评价。要回答"学生到底学得怎样"的问题，在学科项目中需要包含真实是多样的评价任务，纸笔测试、表现性评价、观察等，还可以对项目成果、重要概念和能力进行量规的设计。

上述这 6 个设计的过程随着学科项目类型的复杂程度不同，会有所变化。就学科单元项目而言，上述 6 个维度使其成为一个学生学习和探究的单元，成为教师体现课程设计和学习设计力的单元，拓展和深化学生的思维，同时又能够把握住关键的知识点，这些设计过程环环相扣，形成核心素养中的知识与能力网络。

学科项目化学习因为涉及国家课程、日常课堂的学与教的变革，对学校和教师是有挑战的。挑战不仅仅意味着困难，也意味着转换思维，带来新的视角，对当下熟知熟视的事情产生新的理解，产生创造性的知识。类似这类变革，最重要的是唤醒教师内在的设计力量、安全感和好奇。如果觉得这样的设计会威胁、削弱他的学科本质，教师是不会接受的。当教师感受到学科知识和学业成就是有保障的，比他原来那样教要有趣得多，当那些资深的，看上去很顽固地坚持传统教学的教师也能脱口而出：哎，这样的设计挺有意思的，我也挺想试试看的！这样的学科项目化学习才有可能生长。

四、学校在推进学科项目化学习中的不同发展水平[①]

根据目前实验校在学科项目中已有的实践来看，其实践水平可以分为基础型、发展型、高阶型三类。在这三个不同的水平，实验校在实践学科项目的质量以及学校对于学科项目推进的支持呈现出不同的特征。不同水平的实验校总体表现出从做项目走向做有质量的项目；实验校从简单的行政推动走向从课程、行政、教研、教师研修等多方面深度支持学科项目的推进。

（一）基础型：如何从"做活动"到"做项目"？

基础型学校在推进学科项目的水平中处于初级阶段，学校已有的项目实践经验还比较少。该类学校在推进学科项目中存在以下问题：

第一，教师做的项目是学科活动，而非典型的项目。由于教师对于学科项目的理解不深入，会滑向学科活动。教师做的学科项目也相对比较零散。

第二，学校更关注建立推进学科项目的行政机制，而不是为教师提供专业支持。这类学校一般也会建立项目化学习推进的团队，但这样的团队更多是从行政层面推进教师做项目，而没有为教师深入理解学科项目的特征提供好的支持。

如何从"做活动"到"做项目"？基础型学校需要重点关注和支持教师探讨典型的学科项目的特征，以及学科项目如何基于课程标准来设计、学科项目的典型实施过程是怎样的等问题。

基础型学校可以通过多种多样的专业培训与研讨促进学生对学科项目典型特征的理解，如组织项目化学习的通识性培训、分享学科项目典型案例、教研组集中打磨一个典型的学科项目。

---

① 本部分内容由李倩云撰写，夏雪梅指导。

(二)发展型：如何做出有质量的学科项目？

发展型学校在学科项目的探索中积累了一定的经验，能够做出一些典型的项目，但距离做出高质量的项目化学习还具有一定的距离。这一类的学校在推进项目时往往会出现这样的问题：

第一，教师做的学科项目距离有质量的学科项目还有一些差距。教师在实践学科项目的过程中可能积累了一些项目设计与实施的操作要点，但这些操作要点还比较一般化。教师对于学科项目的关键问题，如怎样提炼学科概念、如何处理学生学习差异等深层次问题，还没有形成有效的策略。教师所做的学科项目的质量还需要进一步提升。

第二，学校能够从行政、教研、教师培训等多方面为教师实践学科项目提供支持，但这些支持的针对性还不够。学校缺少对教师突破项目化学习关键问题的支持。

如何做出有质量的学科项目？发展型学校需要重点关注和支持教师深化对学科项目如何平衡学科知识逻辑与项目逻辑、学科项目中怎样应对学生学习差异的策略、学科项目好的评价如何进行等问题的深入理解。

发展型学校可以借助多种培训和研修方式来促进教师对学科项目关键问题的理解，包括召开项目化学习专题研讨会、项目化学习关键问题与策略分享会等。

(三)高阶型：如何走向学校学科项目的常态化？

高阶型学校在学科项目的探索中积累了较为丰富的经验，能够实行一些有质量的项目化学习。但高阶型学校还需要进一步梳理所做的学科项目与学科项目之间的关联是什么。这一类的学校在推进项目时，还存在以下的问题：

第一，教师所做的学科项目的频率较低。很多学校每个学期在一个学科中只做一个学科项目。或者学校层面做出了一些项目，但教师做的项目之间还是独立的，缺少实质性的关联。

第二，学校的行政、教研、教师培训的支持还缺少系统的设计。比如说很多学校可能只关注微观层面，如指导教师借助模版设计项目；很多学校可能只关注中观层面，如对学校整体的项目进行管理等；有些学校只关注宏观层面，如学校将项目化学习纳入到课程层面,但较少学校对这些内容进行系统的设计与思考。

为了推进学校学科项目的常态化,同时建立学科项目与学科项目之间更好的关联,高阶学校在后续发展中还需要探索学科项目如何与日常教学相结合、学校学科项目与学科项目之间的关联、学科内部学科项目之间的序列化等问题。

高阶型学校可以通过多种方式来推进这样的建设,包括从宏观、中观、微观等多个层面支持教师的学科项目的探索、从学校课程层面来设计序列化的学科项目、在课时上保障教师实施学科项目的时间等方式。

随着新的义务教育课程方案和课程标准的颁布,越来越多的教师思考如何在自己的学科中开展学科项目。接下里我们将呈现数学、语文、信息科技三门学科的学科项目案例,希望为教师设计与实施项目案例提供一些可以参考的路径。

项目4：疫情下如何设计全体同学的出操方案

课程类型及课时数	课程类型	年级	课时数
	数学	四年级	12
所属学校	上海师范大学附属卢湾实验小学		
设计者	王欣、陈华、陆鹏程、陈悦华、毛珏、黄晓云		
实施者	王欣、陈华、陆鹏程、陈悦华、毛珏、黄晓云		

一、为什么做这个项目

本项目来源于学生面临的现实性问题，即疫情打破了学生原有校内生活和学习的方式，原来学生每日都到操场上集中出操的方式受到了"人与人之间间距1米"的限制。因此，学校体育组老师调整了原出操方式，单数和双数班级轮流每天到操场上做操。学生小记者团通过实地调查和访谈发现同学们并不喜欢这种出操方式，他们想每天都能呼吸室外的新鲜空气，都能到操场上伸展筋骨。如何在既满足疫情防控要求，又能满足孩子们每天都全部到操场上出操的需求，是现实校园生活中学生们面临的一个需要解决的问题。

日常教学和纸笔练习中，学生们也会面临带有情境的问题解决，但这些问题往往是教师针对某个知识点或几个知识点的综合掌握和运用而设计的。这类问题解决的情境根据教学目标进行了理想化的处理，包括匹配问题提供直接或间接条件，信息链都是理想化的，学生往往为答题而解决问题，缺乏情境代入感。

因此，"疫情下如何设计全体同学的出操方案"成为了一个很好的项目化学习素材。首先它是源于孩子们面临的一个真实问题，其次在方案不断设计与修订过程中，学生要充分调用已有的数学知识，例如具体情境中长度和面积的认识与运用、如何选择合适的工具进行测量、梅花桩中三角形的特征认识、时间的计算等,通过实地考察、实践研究、小组讨论等方式,进行出操路线的规划、各班站位的安排等,最终设计出一套适合全体丽园学子同时出操的方案,通过各类方式如PPT、座谈、微视频、情景剧等进行团队讲解宣传,最终评选出优秀的方案应用到实际校园生活中,极大程度上激发了孩子们的团队荣誉感和作为学校主人翁的责任担当意识。

二、项目设计

(一) 项目目标

1. 数学学科素养

(1) 抽象概括:通过对问题整体性的科学分析,深入理解问题,抓住解决问题的关键要素,并逐渐提取本质信息,抓住本质解决问题,逐渐完善方案设计。

(2) 空间想象:能根据学校场地空间,绘制成直观图,在大脑中展现出直观图表现形状、位置关系和数量关系。

(3) 推理论证:能对方案提出基本的设想,并展开充分的论证,论证方案的可行性。

(4) 运算求解:能根据测量长和宽的结果,以及疫情防控"间距1米"要求,估算出某空间场地的人数;能根据总出操时间和不同楼层出操时间段,通过时间计算,安排各班出操的时刻。

2. 学习素养

(1) 探究性实践

项目团队要根据实际问题进行需求信息的收集,如学校场地信息、每个班级出操需要的时间等,对收集到的信息合理性、有效性进行判断,并运用到方案设计中;对方案设计的合理性、全面性进行思考,遇到他人的质疑能基于论证表达观点,能自我反思改进设计,在过程中学生提升了逻辑表达能力和自我反思的能力。

(2) 创造性实践

项目团队能从不同角度设计出操方案,针对目前出操方案的弊端,提出新的设想;能对设计的方案进行优劣势分析,全面展开批判性思考,不断用新思考和新路径优化方案,促进思维缜密和全面发展;能运用创造性的方式展现方案(如PPT

演讲、情景剧、视频、脱口秀等)展现团队方案的可行性和独创性。

(3) 社会性实践

组建项目团队,学会头脑风暴的讨论方式,认真倾听他人发言,欣赏悦纳他人的优点同时表达自己的设想,每个人都参与方案的出谋划策;学会团队分工合作,能根据不同阶段的任务需求和组内成员的特长进行合理分工,如表达能力强的学生负责方案的汇报,擅长绘画书写的进行方案的海报宣传等。

(4) 调控性实践

每次项目活动设定时间,团队能在过程中合理把控时间,进行时间规划和调整。

情感价值观:

积极主动参与到项目活动中,明确并理解项目目的,有主动承担组内任务的责任意识,为项目成果出谋划策,遵守项目活动过程中的规范和要求,具备学校主人翁的意识和态度,项目阶段性成果"出操方案的设计"促进个人和团队价值的实现。

(二) 本质问题

在确定本项目的本质问题前,项目组老师通过对该项目的整体设计,对学生在问题解决过程中所需的数学知识支撑分别从"空间维度"和"时间维度"进行了知识梳理和数学学科素养的关联分析(见表 4-1)。

表 4-1 本项目数学学科素养与数学知识的关联分析

	空间维度	时间维度
空间想象	二上《正方形、长方形》 二下《三角形与四边形》 五上《平行四边形认识》 【说明】能根据学校场地空间和操场梅花桩站点,绘制成直观图,在大脑中展现出直观图表现形状和位置关系。	
	三上《米与厘米》 三上《分米的认识》 【说明】联系实际认识长度单位厘米(cm)、分米(dm)、米(m),知道它们的进率,初步尝试在不同情境中合理运用长度单位进行测量。	

续 表

运算求解	三上《植树问题》 【说明】能根据"1米"防疫要求间距,通过测量总长度计算出段数,根据"棵数＝段数＋1"的数量关系,计算出某条边上的总人数。 三下《多位数乘法》 【说明】能运用多位数乘法估算或计算出场地所容纳的人数。	二下《时间的初步认识：时、分、秒》 五上《数学广场：时间的计算》 【说明】能根据总出操时间和不同楼层出操时间段,通过时间计算,安排各楼层出操的时刻。
推理论证	三上《面积的认识》 三上《平方米》 三上《长方形和正方形的面积》 五上《平行四边形的面积》 【说明】在梅花桩和正方形站点比较辨析中,能通过"割补"方式将平行四边形面积转化为长方形面积,推理论证平行四边形的面积计算方法；通过比较正方形和平行四边形面积,推理论证出梅花桩站点更省空间的结论。	【说明】能通过各楼层某班级实际出操时间的估测,推理并验证其他班级。
抽象概括	【说明】 1. 能理解驱动性问题,提出需求信息,通过需求信息的分类与比较,初步将情境中的现实问题抽象概括出本质问题,即能抓住空间维度和时间维度进行方案的设计。 2. 在方案设计过程中,通过将现实生活中的空间场地、人等抽象成数学中的几何图形中的长方形、点等进行研究。 3. 运用表格、流程图、路线规划图等非连续性文本形式表现小组项目成果。	

本项目的本质问题主要包括两方面：

一是关于空间维度,"不同情境中长度与面积是如何被合理运用的？"；关于时间维度,"有限时间条件下,如何合理划分时间？"

二是"如何综合考虑空间和时间要素,基于现实条件整体合理规划？"

（三）驱动性问题

学生小记者对目前出操方式进行了现场调研,在设计驱动性问题时,通过视频的方式真实记录小记者对出操方式进行的现场调研,将现场采访视频作为素材,可以使问题更有现实性,更具有现场沉浸感,增强问题的代入感。

驱动性问题表述为："这是我们美丽的校园卢实小,学校很大,原来每天早上有1000多个小朋友一起在操场上做操呢,可是疫情来了,大家要保持一定的间距,因此学校安排了单数和双数班级每天轮流到操场上做广播操。可是,要满足同学们每天都能到室外锻炼的需求,作为丽园小主人,设想大家都是体育老师,你们能设计一套出操方案,既符合疫情防控要求,又能让所有同学每天都能走出教室做广播操吗?"

三、项目实施

(一)入项:组建项目团队,理解驱动性问题

学生观看驱动性问题视频后,由于第一次参与项目化学习,很多学生表现出质疑、不相信,反复询问老师"真的是需要我们来解决吗"。很多同学还问到"我们提出的方案学校会采纳吗"。得到"官宣"后的学生瞬间投入到这一事件中热烈讨论起来。此时项目组老师宣布本次学习活动需团队合作来解决,需要组建一支"4—6人"的项目团队,共同解决这个问题,话音刚落同学们就开始拉人招募了,参与的老师们第一时间感受到驱动性问题的魅力所在,驱动学生主动代入问题情境中。组建项目团队时,老师没有干涉学生对队员的选择,请他们自由组队,并为自己的小队取一个名字。组建小队是项目化学习中小组合作的特征表现,目的是让学生在小组合作过程中,通过交流互相交换意见,对信息不断进行筛选优化,是学生们体验"社会性互动"的实践过程。

组建团队之后,学生不是直接以小组为单位进行解决,而是要先进行个体思考。这样的方式让每个人有独立思考的时间,为后续小组头脑风暴奠定基础,也一定程度上避免了小组内某些组员"一言堂"的弊端。

学生需要先进行个体思考:"你是否理解了驱动性问题,围绕这个问题你需要调研或访谈什么?理由是什么?"通过增加关于"理由是什么"这一问题,学生需要在阐述过程中促进学生再斟酌自己写出的需求是否有必要性,是否可以对驱动性问题的解决产生作用,这也是促进学生深入理解驱动性问题的一个路径。

学生们写下了自己需要的信息,并进行了理由的阐述,选了部分学生的个人需求(见表4-2)。

表4-2　小组围绕驱动性问题提出的信息需求(部分)

需要的信息	需要的理由
疫情防控规则	符合要求设计出操路线
操场面积	要知道面积后就知道可以容纳多少人
全校一共有多少同学和老师	
大操场和下式广场一共有多少平方米？有几个黄点和白点？可用的露天场地有多大？	可以计算每人占地多少，充分利用每个地方
出操总时间和每个班级时间	可以通过计算，让各班级错开时间出操
操场的长和宽	计算能站多少人
各楼层进退场需要几分钟	精确时间，安排进退场时间
下沉式广场和乒乓房可不可以听到广播	能听到广播就可去那里做操
每层楼的走廊、篮球馆、乒乓房有多大	可以同时让更多班级做操
要花多少钱	可以造新操场
每天天气预报	天气不好就不能出操

基于个体思考后，老师向大家介绍了头脑风暴的方式，围绕刚才个体思考的问题，小组内每个成员表达自己的需求信息，面临各种不同种类、不同表述的信息，是直接将信息进行汇总调研后去做方案设计？还是对信息进行处理再去方案设计？我们为每组配了一位老师作为助教，全程深入跟进其中一组，进行观察、协助与评价，很多助教老师发现学生交流好各自的信息后就迫不及待讨论起出操方案设计了，面对"头脑风暴"后的众多信息，不知该如何处理，也没有感知到信息与后面方案设计之间的联系。

发现这一问题后，项目团队老师设想出两种方式进行后续的活动组织，一种是让学生直接对信息进行分类汇总，第二种是组织集体交流讨论信息应如何处理。我们选择了第二种方式，因为交流讨论是促进学生内化的过程，如果学生不理解为何要这么做，或者因为老师要求了这么做所以按程序化过程完成任务，那么在项目化学习中积累到的实践性经验和能力要自觉迁移到其他项目的解决中，可能就会举步维艰。

在入项阶段，一次关于"信息如何处理"的集体讨论活动开始了。

老师抛出问题引发学生集体讨论："面对小组内提出繁杂多样的需求信息，从后续方案制定的角度来看,如何处理这些信息需求?"

"我们应该选择对我们有用的信息?"一位同学最先发言。

"你们认为呢?"

"同意,选择有用的信息,无效的信息选取,对方案设计没有帮助反而浪费时间。"对于第一位同学的发言,大家都表示赞同。

"还有补充吗?"主教老师继续追问。

"我觉得我们组有很多同学都提到了学校总人数,如果信息重复了,只要汇总一个就好了。"

"你们是不是也遇到了他说的这种情况?"每一组都有同学点头。

"对的,如果你们觉得有用的信息,重复的在汇总时只需写一条就可以了,这样简洁明了,还有补充吗?"

同学们瞬间安静了,陷入了沉思。

"我发现我们这组有同学提到了关于出操时间的问题,××是要调查不同楼层走到操场的时间,××是调查一套广播操的时间,都是时间问题可以一起汇总。"

"为什么都是时间问题要一起汇总?这样有什么好处?"主教老师抓住同学提出的关键继续追问下去。

"因为我们要重新设计出操方案,出操方案中出操时间是一个要考虑的很重要的环节,所以我们可以把所有要考虑的时间都放在一起做调查,后面方案设计就方便了。"

"我也很赞同你的想法,这种分类汇总信息的方法,除了时间,还有哪些你们认为方案设计中需要考虑的信息,提前要分类汇总的呢?不妨各组再看看你们的信息吧。"

在这次集体讨论活动中,老师并没有直接告诉学生要进行信息分类汇总,避免了学生"程序化"的操作,通过讨论,学生们首先感受到对于重复和无效信息的处理方式,对于"为什么信息要分类"则通过老师的追问,不仅深入感悟到信息对后续方案设计的支撑作用,同时也关注信息的全面性。

最终,同学们围绕"信息需求"展开了研讨,将上述同学们概括出的主要信息和主要问题分为以下三类：

＊关于操场可容纳的人数：但有的小组提出要知"操场的大小"才能知道人数，是关于长方形面积的内容，有的小组提到测量长与宽，通过测量计算人数。

【问题一】：到底是测量面积计算长方形场地可容纳的人数方便？还是测量长与宽计算方便呢？

＊关于出操时间的问题。

【问题二】：表达比较笼统，时间考虑要素不够全面和细化。从哪些角度规划时间？涉及时间的细化问题如何进行时间的计算呢？

＊预设之外的无关信息，例如关于场地的改造、天气等。

基于问题二，由于时间的计算是五年级才学习的，学生在安排出操时间时可能会用到，因此老师们提供了资源包、数学教材页供学生自学，还有测量工具、疫情查询的官网、可咨询的老师等。通过比较辨析有无关联信息后，同学们的矛盾点主要集中在问题一上，这也恰恰是本项目的本质问题之一，因此项目团队老师抛出问题作为学习支架。

"我们对比一下这两个需求信息，都是关于操场的，一个是要知道操场有多大，还有一个是想知道操场的长和宽。根据他们的理由，你觉得哪个更合理？我们不妨开一次辩论赛，各自提出自己的想法和理由。"

学生展开辩论（详见"项目设计与实施关键问题探讨"部分），最终发现由于这两个数学知识点学生都已经学过，所以他们能重审驱动性问题后，根据现实需求自圆其说，在这一过程中提升了学生的思辨能力和表达能力，也能让学生在主动输出中进一步理解通过测量长和宽计算总人数更为方便。

（二）设计初步方案

学生们在深入理解驱动性问题后，尝试进行第一轮的方案设计。在第一轮方案设计后，项目组团队老师认真观察了每一组的方案设计，大多数小组用很简单的几句话呈现了他们的思考，但主要可以分为两种类型的出操方式。

第一类是考虑"空间维度"，如"分地点出操，一年级在下沉式广场、二年级在篮球馆、三四年级在操场、五年级各班利用各楼层走廊"等。

第二类是考虑"时间维度",例如有学生将时间分为上下午进行安排,提出"一至三年级上午出操,四五年级下午出操";还有学生提出利用错峰上学时间安排出操,早到学校的早出操,晚到学校的晚出操。

有一组受到目前单、双数班级隔天轮流到操场出操的思维定势影响,为了解决每天所有班级都能实现出操的愿望,提出了"错峰单双数班级轮流出操"的方案(见图4-1)。这组学生能考虑到利用错峰上学时间安排错峰出操,但只考虑到自己年级,没有综合考虑到其他年级的上学时间,例如他们提出让单双数班级在7:50—8:10时间段出操,但是学校一二年级的学生入校时间是8:00,不可能在第一次做操时间进行出操的,思维缜密性有一定的欠缺。

第三类是可能并不理解什么是方案,将入项阶段各组分类汇总后的信息用思维导图的方式呈现,并没有进行初步方案的设计。

项目组老师观察后,仔细分析了第一轮方案设计。由于之前对信息需求进行过辨析,因此从"空间维度"进行区域规划的小组均将学校区域抽象为长方形,通过测量长和宽计算出人数,根据测量结果进行安排。

但仍存在以下几点共性问题:

问题一:方案设计比较笼统,与驱动性问题之间的关联性不强。如有限的20分钟总出操时间内,时间没有被合理规划和细化。空间地点安排中方案缺乏思维缜密性,全面性不足,与目前现状有冲突。

问题二:方案设计与分类汇总信息不匹配。具体表现为,在信息分类汇总中搜集到的相关信息在方案设计的内容中并没有体现出来。如提到"防疫要求人与人之间间距1米",但在方案设计中并没有凸显或说明这一要求是如何在设计中考虑的。

于是,教师围绕上述问题,再次组织了一次交流分享活动,请学生各自介绍自己的方案,并让其他组对他们的方案提出优点赏析和合理建议。为了让优点和建议更聚焦更有效,能逐渐凸显驱动性问题进行讨论,项目组设计了学习支架,引导学生将时间和地点等要素通过数学学科中常见的表格等形式进行细化。

学习支架:"如果你是××班的班主任,你看了他们的方案后,是否清楚你们班级该如何出操?"

在一组关于"错峰出操"的方案交流后,同学们通过角色代入式的支架问题,站在班主任的角度认真审视起来。

"我觉得错峰出操方案是可行的。但是你们方案中提出第一批是四五年级,都是7:50分下楼做操,如果大家这个时候都冲出教室,既不满足防疫要求,还很拥挤容易造成伤害事故,不安全。"一组同学在肯定他们方案的可行性后,马上提出质疑。

"不是大家一起出去的,是从7:50分开始两个年级的同学陆续下楼做操。"汇报小组的同学也及时做了补充。

"那么我是四(7)班的,我应该几点走出教室呢?如果我是五(8)班的班主任,我应该几点出操?"同学们继续追问。

汇报小组同学沉默了片刻,说道:"我们还要把时间继续进行安排,要像课程表一样出一张时间安排表,具体到每一个班级。"

主教老师听到学生就时间维度要进行细化,即时抓住这个契机,引导学生就核心问题"有限时间条件下,如何合理划分时间?"展开深入性的思考。

"如何细化到每一个班级的出操时间,要细化你们有什么需要提醒他们注意的吗?"主教老师继续引导。

"要考虑到总的出操时间是20分钟,不能超过。"

"还要计算好不同楼层到操场的时间和先后顺序,不能计算错了。"

"我们班级我知道,但是其他班级就不清楚了,特别是一年级,他们走得慢,最好等他们出操时,我们去现场计时。"

......

在教师即时引导后,学生们根据讨论内容和他人提出的建议进行方案的修订。

(三) 方案迭代升级

经过第一轮方案设计与现场讨论,各组将原方案中错峰时间或地点进行了具体的细化,但有的小组用文字——叙述,有的小组则自觉运用表格方式进行呈现。

主教老师在此阶段,主要运用了"比较辨析"的学习方法。

在组织方案修订前,先就两种形式同时进行了展示。

比较辨析点一:细化内容的呈现

同学们通过比较,学生很快得出运用文字表述的方式不够清晰间接,阅读性不强,运用表格梳理呈现的方式更为简洁清晰,因此,有的小组在方案第二次修订中,均选择了运用图表的方式进行时间或地点的呈现。

深入比较下去,得出各组的内容,例如某小组在初步方案中聚焦点在出操时间上(见图4-1),但思维不够缜密,虽然时间间隔计算都正确,但完全忽略了现实性,某些班级还在操场上做操,其他班级就陆续来了,和实际情况不符,现场就遭到了所有同学的反问。助教老师鼓励他们不用着急,不妨听听其他小组的方案,再跟自己的做比较。受到其他小组分地点出操安排的思路,该小组改变了最初的单一错峰出操的方案,将焦点聚焦在分地点上,进行了整体性的安排(见图4-2)。比其他组有创意的是,他们还从公平性的角度进行了思考,因为操场是热门选择,大家都想到大操场上,于是又增加了补充条件,安排了分时间段站的预设想。

图4-1 X小组关于"分时段"方案设计

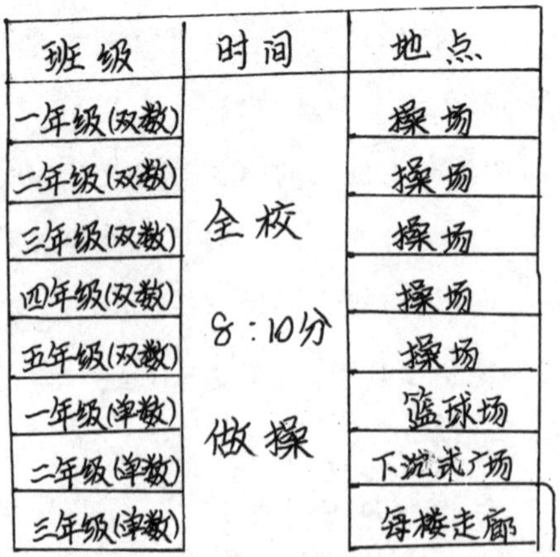

图4-2 X小组改进后的方案设计

在这一轮的方案修订中,学生的主要类型聚焦在"细化时间安排,错峰出操""细化分地点安排"上,相比较第一轮方案而言,充分建立了需求信息与方案设计之间的联系,例如在分地点安排上,考虑到每个不同区域可容纳的学生数,通过区域的测量和人数的计算进行了较为合理的区域安排。

比较辨析点二：关于空间人数的最大化安排

发现各组方案中地点要素中对于操场站位点子,全部都是传统点图,无人观察和思考操场上已有的点图"梅花桩"的优势。于是,针对第二轮方案设计的问题,教师航拍了学校操场上目前的"梅花桩"点图,通过对比的方式,从而进行方案的修订。

学习支架："对比方案中的正方形点图和操场上的"梅花桩点图",在满足防疫人与人之间间距1米要求的基础上,哪种方案能容纳更多的人数呢？"

在探究过程中,学生们发现此时长方形操场上通过测量长与宽的长度计算总人数的方法比较适合,但在"梅花桩"的点位图中比较困难。那么如何验证到底正方形点图能容纳人数多还是"梅花桩"点图呢？此时,有一组提出用"以小见大"的方法,假设都是站立4个人的情况下(见图4-3),只要比较哪种情况所需的面积最小就可以类推了。这种方法得到了所有学生的认可。

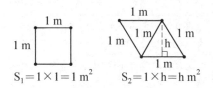

图4-3 操场点位图

于是学生们通过绘制草图,尝试举例子进行验证。问题又产生了,正方形面积学生们学过,得出4个人所占1平方米。那么平行四边形面积由于是五年级学习的,没有学过又怎么解决呢？此时,将平行四边形转化为长方形的方法自然被提出,即沿着高h剪开,通过平移补到左侧,此时新的长方形长是1米,那么高又是多少呢？是啊,关于等边三角形边上的高的计算是初中学习的数学内容,小学阶段的学生又怎么能理解呢？况且又涉及无理数的概念。针对这个问题也困惑到了项目组的老师,如何让学生理解进行比较呢？

此时,有学生提出通过测量可以验证,只要验证等边三角形边上的高比1米小,那么"梅花桩"的站位就更节省空间了,如果比1米大,那么"梅花桩"就没此优势。于是,同学们运用了测量的方法,得出了"h<1m",梅花桩站位更节省空间,能容纳更多人的结论。

四、出项

在进行出项展示之前,各项目实施小组先在班级内开展一轮方案的自评和互评,依据下述评价指标,组织全体参加该项目的学生、学校管理者、教师代表、家长代表等共同参与出项展示与现场投票并颁奖。

为了让参与者评价更为准确,活动当天项目组老师将出项展示的评价标准前置,让所有评价者都提前了解评价目标,匹配目标进行评价(见表4-3)。

表4-3 全校项目化学习出项展示评价表

评分项	评价标准
1. 时间要素	能结合学校作息时间,合理有序介绍方案中的出操时间安排。
2. 空间要素	能结合需求调研中相关数据,介绍方案中的出操地点安排。
3. 方案的可操作性	方案具有一定的可操作性,部分内容可解决学校目前出操问题,满足全部同学到操场出操的需求。
4. 展示形式的创意	可通过现场解说介绍、情景剧表演、脱口秀、多媒体演示、诗歌或其他创意形式,向大家展现团队的方案。
5. 方案海报展示	方案海报表达清晰,具有可阅读性,设计排版美观。
6. 合作探究过程	能介绍或展现团队小组合作探究的过程,分享过程中关于合作的故事。

评分项1—5指向最终的成果,老师最初对评分项6项目组也有所争论,因为合作探究的过程是助教老师深入各组进行的即时评价,如果在出项展示中仍旧进行评价,对于不深入了解该项目的人来说可能比较困难。但也有老师提出,出项展示不仅是成果的展示,也可以是学习过程的展示,孩子们在探究过程中,遇到了怎样的问题,他们是如何合作解决问题,这些指向团队合作、反思能力、方法运用的过程,可以通过小故事的形式进行分享,分享给在场没有参加过项目化学习的同学们。最终,项目组通过讨论,将"合作探究过程"这个指向学习过程评价的部分纳入出项展示评价中,我们达成共识:出项亦是展示,同时更是交流分享学习

的机会。

正式出项活动中,各团队同学依次上台用自己提前准备好的方式进行了项目展示。有的小队重点围绕自己的方案结果运用PPT的形式向大家展示了如何运用"错峰"和"利用地点"的方式进行出操;有的小队运用表演的方式将他们在探究过程中关于小组一次次的矛盾点和他们如何思考的过程进行了情景再现;为了让大家更直观演示具体的出操方案,有的小组自己做了演员,举班牌代表不同班级,亲自验证了方案的可行性并将过程拍摄了视频进行展示。

出项活动还包括现场互动环节,参与评价的任何人都可以在介绍结束后对小组的方案进行现场问答,目的是对方案中的问题进行追问,促进项目小组进行方案的后续完善,同时也是对学生逻辑思维严谨性的考验。

当天邀请了很多学校体育老师,他们是目前出操方案的原设计者,会当场就学生的出项展示即时发问,作为方案的主要评价者,精彩的"原版"与"升级版"的设计者开展了激烈的对话。

"学校操场上现在是梅花桩,你们也是梅花桩,这样的站位如何证明你们可以容纳目前所有班级?"

"虽然都是梅花桩,但是我们测量过了,现在操场上的梅花桩,点与点之间的间距是1.6米,但是我们防疫要求是1米,因此还可以缩短距离,这样既满足要求又能站更多人。"

"1.6米的间隔是保证了做操的手臂伸直距离,两人不会互相影响。"体育老师立即对操场上目前的情况作了解释。

"我们也考虑到了,但是我们是这样想的,学校周一是升旗仪式,当天是不做广播操的,目前全体同学都在教室内收看直播,我们这个方案可让全体同学都到操场上去参加现场活动,更加有现场感。"一位同学补充说道,旁边一直深入的助教老师也点点头表示赞同,的确这个问题在他们设计时是有考虑到的。

"那周二到周五不是做广播操吗?"体育老师继续追问。

"是的,所以我们的设想是单数班级先做、双数班级再做,我们现在做一套广播操时间是4分15秒,轮流做两轮的话就是8分半,加上升国旗一共9分钟,再加上出场和退场时间10分钟,20分钟内肯定够的。"

"我们不一定每天都是广播操,还可以安排我们自己的校操。"(校操是学校体育老师根据疫情防控要求自编的一套体操"你笑起来真好看",根据在人与人之间间距1米原则创编的。)

以上是"黄金搭档"小队回应体育老师的质疑,从空间和时间上来看,这一组的方案是可行的。同时在"答辩"过程中,能有理有据地表达他们的观点,对于质疑即时进行了创造性方案的生成(如校操的运用)。

在展示过程中,有的小组为了更加清晰地展示方案,将老师提出的支架问题作为验证他们方案的工具。"海鸥小队"设计了分时段的出操方案,并将时间安排表和出操路线图进行了展示(见图4-4)。

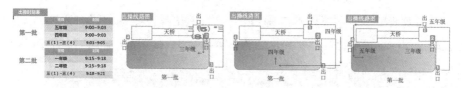

图4-4 "海鸥小队"分时段出操方案设计时刻表和路线设计图(部分节选)

小组成员介绍后,随机将话筒递给现场其他班级的同学进行采访。

"同学,请问你是哪个班级的?"

"四(7)班。"

"看了我们的方案,你知道你们班级每天的出操时间和路线吗?"

"我知道,我们是第一批出操的,9:00—9:03分出教室,从出口2到操场。"

海鸥小队的同学很得意,从现场采访中实际验证了他们方案设计图和表是清晰的。随后,现场提问互动时,也有人质疑方案可继续完善的地方在于"清晰表达,可阅读性"这一评价内容。具体表现是对于出口1、2、3分别代表什么是通过现场介绍说明的,如果要放在海报图示中,建议增加具体的标识,或匹配对应的出口照片,会更加直观。

最终,进行项目评选时,所有参与者进行现场投票,评选出最具人气小队,其余参与全校出项展示的小组均获得参与奖。在这次方案设计中,不能说每一组的方案都完美无缺,但每个孩子经历、参与了,在过程中收获了,都应给予肯定和鼓励。最终,学校体育团队老师也综合出项展示中各组的优秀金点子,进行再次整合,例如他们借鉴了"黄金搭档"小队对操场梅花桩"间距1米"的建议对操场上现有的站点进行了重新规划,孩子们暑假期间到学校操场与工人师傅共同绘制改革后的操场点位图,将他们的设计图变成现实;借鉴了"云能小队"创意宣传方式,让学生举班牌做演员,实地拍摄并制作出操时间和路线视频的方式进行宣传,让每个班级更直观了解出操的改变。

体育老师还根据孩子们的建议,每天安排不同的活动内容,有校操、室内操;冬天锻炼时大家都做"Keep运动"中的不同组合训练,现有的站点能容纳全部同学,操场变得热闹起来,周一到周五只要天气好同学们都能统一时间到操场上来参加升旗仪式、一起运动。要做《希望风帆》广播操怎么办?学校也借鉴"海鸥"小队的分时段的出操方案,手臂也能伸开自如做操了,更多时候体育老师也提出建议,在体育和活动课中,增加了做广播操的内容。

图4-5 各组出项汇报展示

图4-6 现场进行投票

图4-7 学生参与操场点图重新绘制

五、项目评价

项目组老师依据项目目标设计了与之相匹配的项目评价目标(见表 4-4)。

表 4-4 "疫情下如何设计全体同学出操方案"项目化学习评价目标

1. 能从驱动性问题中提炼与问题相关的信息,找到解决问题的关键要素,提出相关需求信息,通过信息的分类汇总进一步理解驱动性问题。
2. 能通过实地走访或测量学校场地空间,绘制直观图,能在方案设计中运用直观图的方式表现出操方案中的位置关系等信息,发展空间想象能力。
3. 能初步提出出操方案的基本设想,对方案进行合理的解释,通过一定的方式或手段验证方案的可行性。
4. 能根据疫情防控"间距1米"的要求,通过人数的计算进行空间上的合理安排。
5. 能将收集到的信息自觉运用到方案的设计中,能结合现状,对想法的合理性以及整体出操方案的全面性进行综合考虑,思维缜密,对他人的问题能基于论证表达观点,及时进行自我反思并进行针对性的调整。
6. 能指出现有出操方案的问题,针对问题提出新的思路和想法,不断验证思路想法的合理性;运用创造性的方式展现方案的可行性和独创性。
7. 团队中每人都参与到方案决策中,能欣赏他人的优点大方表达自己的设想,组员有明确的分工且分工有依据。
8. 项目团队能合理把控各个阶段任务完成的时间,有计划时间的意识,过程中能依据任务完成实际情况合理调整时间。
9. 积极主动参与项目化学习,愿意为学校出操方案的改进提供建议,有主动承担组内任务的责任意识,遵守活动规范和要求,对于呈现出的个人成果(个人组内承担的任务)和团队成果(出操方案)表现出一定的集体荣誉感。

以上评价指标均匹配项目目标,其中评价目标1—4均是匹配数学学科素养提出的,可以在学生的方案海报初稿和一次次的修改稿、方案汇报PPT或视频中进行评估;目标5—8是指向学生的学习素养的,包括目标中的探究性实践、社会性实践、创造性实践等要素;目标9是指向学生参与项目化学习的情感态度价值观目标,包括他们的兴趣、责任意识等。由于这部分无法通过具体的实物(如海报、任务单等)进行直观评估,因此项目组老师运用了"助教伴学式",每个项目小组匹配一名助教老师,不仅协助学生进行项目化学习,更多意义上是学生学习过程的"观察者"与"评价者",将各个小组不同阶段的具体显性行为进行即时评价。如某个小组交流汇报方案后,其他同学对他们的人数估算提出了质疑。

"同样是测量操场的长和宽,计算出'长'里能站多少人,'宽'里能站多少人,为什么你们计算出的人数能容纳 5 个年级约 1600 人左右,而大多数小组计算出能容纳 30 个班级,大约 1200 人左右呢?"

"是啊!你们肯定算错了。"其他小组有人应和着。

"我们算出来是不够全校的,你们是不是算错了啊!"

面对同伴提出的质疑,助教老师引导该小组迅速对大家的质疑进行反思。在小组讨论中,助教老师认真仔细观察该小组的表现,并准备好便签条,匹配评价目标,将好的表现和有待改进的地方通过"便签记录"进行即时评价。

"按照我们的计算操场应该可以站的下,为什么体育老师还要单双数班级轮流出操呢?"

"我是负责测量的,我测量了操场的长和宽是 55 米和 28 米,数据应该没错。"

"我再算一下,这样的话两头都站人,每隔 1 米站一个人,长里能占 56 人,宽里能站 29 米,一共能站 1624 人,全校一共 1500 人,肯定够的。"

……

"会不会其他组都算错了啊!"

"要么我们再去测量一次吧,可能是我们测量出错了。"一位同学提出了建议。

助教老师根据孩子们的表现,在便签纸上写下"每人参与讨论,充分发表自己的想法""能对测量和计算进行回顾与反思,很棒!""试图验证自己的结论,有验证的意识"这些肯定性的评语。

值得一提的是,这些助教老师们在观察与评价的过程中,所观察到的现象和对某一小组的表现性评价都为后续的项目化学习组织和支架问题设计或调整提供了很好的依据。例如在上述讨论中,助教老师发现他们计算正确,但是和实际测量数据相差很大,估计是在测量中出现了问题。于是,及时进行了追问性的引导。

"你们打算再试一次,能说一说打算怎么测量吗?"

"我原来是用步子测量的,因为我们以前数学小实践中用步幅测量过教室的长和宽,我的一大步大约 1 米,沿着操场长和宽走一下就知道了。"

"我说怎么数据不多,这样也太不精准了吧!"

"是啊,要是你没控制好,一会步子大一会步子小,数据就不对了。"

"用米尺再量一下吧,这样更精准一些。"

在助教老师引导下,这一小组找到了问题所在,所选用的测量工具不当导致估测错误,老师也即时在便签纸上写下"能找到问题立即进行针对性调整"这样的评价。

在项目化学习评价实施过程中,依据最终的项目成果评价并不困难,困难的是在过程中如何展开评价,评价不仅要能促进学生行为的转变,通过评价让其知晓怎样的行为表现是对的、是有效的,怎样的行为表现是要关注和改正的。教师也可以通过评价,特别是过程评价,对学生真实学习状态和过程进行观察,根据孩子们过程中产生的问题进行教学组织上的调整,让真实学习伴随评价发生。

六、项目设计与实施关键问题探讨

如何用辩论来深化学生的数学思维促进学生的表达?

在这次项目化学习过程中,我们也逐渐发现一些来自老师和孩子的各种问题,项目化学习特点之一是学生经历高级认知活动,对信息进行整理、综合、分析,有老师担心"我们班级学生不善表达,而表达恰恰是促进认知和知识内化的过程,我该怎么办?""项目化学习是指向学科核心知识的深入理解,如果放手让孩子们自己探究,对核心知识产生了混淆怎么办?"……种种的问题都指向了对有效深度探究学习的追问。

针对这个问题,在项目组最初引导学生"深入理解驱动性问题"中,很多学生提出了多样化的需求,问题焦点在于要知道操场目前到底最多可容纳多少人数,大多数小组都提出了需要知道做操场地的"面积"计算总人数,而只有1组同学根据1米的间距防疫要求,提出了需要测量"长度"计算总人数。很明显是通过测量长度直接乘法计算最为便捷,选择面积的话不仅也需要测量长与宽,还要考虑重复人数的情况,非常麻烦,但是为什么大多数学生会提出计算面积呢?是不是又混淆了面积和长度的概念?还是其他原因?带着这个问题,我们进入了实验班,听听看学生是如何思考这个问题的。

第一个试点班级

老师直接引入今天探讨的问题。

"大家看,很多同学都想知道操场有多大,多大指的是操场的什么呀?"

"面积。"孩子们异口同声。

"大家想一想,知道面积好还是知道操场的长和宽好呢?"

"面积。"孩子们又一次异口同声回答道,主教老师此时有些尴尬。

"我们再想一想,防疫要求是1米之间的间距,这个1米是什么单位啊?"

"长度单位。"

"对,长度单位。既然是长度单位,我们还需要知道面积吗?"

同学们摇摇头。

"对啊,只要测量操场的长和宽,不就可以知道能站多少人了吗。"

在第一次试点班级中,对于选取"面积"还是"长度",哪个更为合适,老师通过问答形式直接灌输给学生,学生并没有真正理解测量长与宽比计算操场面积的便捷性,仅仅从一个"间距1米"是长度单位勉强认可了老师给予的建议。老师也很困惑,学生好像没有混淆面积和长度的概念,可为什么还是会一开始选择"面积"这一信息呢?于是,在第二个试点班教学之前,大家就这个问题展开了讨论。有老师建议,不妨适当"留白",给予更多时间让孩子们讨论、思考出到底哪些信息更加合适;也有建议是让老师继续追问,让学生把面积或长和宽的长度用设计方案表达出来,便于比较。最终,一个创新的想法被提出,不妨通过比较,比较两种信息,然后来场"辩论赛",让孩子们自己去讨论,这个空间够大,可获取到的信息就更多。

辩论赛开始了……

"我们对比一下这两个需求信息,都是关于操场的,一个是要知道操场有多大,还有一个是想知道操场的长和宽。根据他们的理由,你觉得哪个更合理?我们来场辩论赛,说说你们的理由。"

老师不紧不慢地呈现出两种信息,看着大家微笑。学生们陷入了沉思,有几个人小声地和周围人议论起来。老师耐心地等待学生思考,过了一会儿,陆续有几只小手举了起来。

"我同意要知道操场有多大,知道操场面积,我们又知道总人数,除一下,不就知道一个人占多大面积了吗?"

有几个同学听了之后纷纷点头。老师仍然微笑,静静地看着全班同学。

"我不同意,这样太麻烦了,你要知道操场有多大,不还是要测量长和宽,计算长乘宽才能得到面积吗,所以还是要知道操场的长和宽是多少。"一位同学马上反驳道。

"是啊,是啊……"部分同学开始议论起来。

"我觉得他们说的都一样,都是想测量长和宽得到面积。"一位同学一脸严肃地停止了大家的争论。

"既然都一样,那大家还争论什么呀?"突然一句声音冒出来,引发了大家大笑。

主教老师有些手足无措,好像和她预设的不一样,辩论赛似乎要终止了,可是问题还没解决啊!于是,她向旁边助教老师们投入了求助的眼神,一位助教老师马上抛出了一个问题。"两种方法真的一样吗?大家再想一想,有没有可能不计算面积就能知道人数是否够不够呢?讨论之后我们再来辩一辩。"

5分钟后,第二轮辩论赛开始了……

"我们觉得只测量长和宽就能知道,因为间隔距离是1米,测量长和宽就能算出长里能站多少人,宽里能站多少人,再把两次计算的人数相乘,就可以知道操场上能容纳的总人数了。"

"是的,我还要补充一点,两头都要站,其实就是我们学过的植树问题。"

"你们觉得呢?"此时,主教老师有些方向了,鼓励更多的孩子参与辩论中。

"我也觉得好像计算面积没有必要,有些麻烦了。"

"是的,只要测量长和宽就可以了。"

……

关于有效的探究活动,有研究学者认为是指在教师的启发诱导下,以学生独立自主学习和合作学习为前提,以现行教材为基本探究内容,以学生周围世界和生活实际为参照对象,为学生提供充分自由表达、质疑、探究、讨论问题的机会,学生通过个人、小组、集体等多种形式的解难释疑尝试活动,将自己所学知识应用于解决实际问题的一种学习形式。第二次试点班级不正是有效探究活动的发生场吗？老师只是用这一问题导入，通过"生生辩论"这一组织形式促进问题发酵，从方案设计中要解决的现实问题"能站多少人"出发展开深入思考，有理有据阐述了"测量长度"和"人数计算"之间的关系，不仅没有混淆面积和长度单位，同时还自觉联系到之前学习过的植树问题尝试进行问题解决，有效解决了难点，让真实的学习过程发生，成为项目化活动真正的"主人"，整个班级活力满满，将活动的入项推到了高潮。

在这场初步展开实施探索的学科项目化学习历程中，"一场小小辩论赛的开展"赋予了我们的教育实践创新性，让学生能突破传统的课堂学习，不断释放自我、充分表达，充分表达是建立在对问题的深入思考和充分交流基础上的，搭建充分沟通和交流的平台，让学生充分理解项目中要解决的问题，学生在多样化的信息互补中促进对问题的深入理解，享受思考、质疑、表达、问题解决、反思……才能促进学习的真正发生，体悟项目化学习带来的魅力。而这次"辩论赛"也为后续"梅花桩"点位出现，学生再次面临选择奠定了基础，学生通过辩论说理，最终通过以小见大的方法，在相同人数限定条件下比较面积更加方便，也进一步发展了学生的应用意识，在不同情境中根据不同的实际情况选择不同的方法，从而突破了核心概念混淆的问题。

项目5：送给童年的诗

课程类型及课时数	课程类型	年级	课时数
	校本课程	五年级	5
	语文	五年级	5
所属学校	上海市嘉定区江桥小学		
设计者	袁伶娟		
实施者	袁伶娟		

一、为什么做这个项目

现代诗歌是文学中的瑰宝，其形式自由、语言优美、意蕴悠长，最能激发学生的丰富想象和思维创造，发展学生富有个性化的语言表达。儿童是天生的诗人，我曾在学生低年级时就引导他们学着自己编写儿童诗，并成立了学校诗文社团——"江小诗文社"，诗文社虽致力于原创诗歌的创作，但因低年级儿童的能力有限，多数还只是仿编仿写，难以形成完整意义上的原创作品。如何能真正发挥学生在原创诗歌上的创造力，让他们展示最富个性的诗歌表达呢？部编语文教科书四年级下册的"现代诗歌"主题单元为我打开了新的思路，现代诗歌与儿童诗相比更富意境和意蕴，其表达也更加注重思维与情感的创造性。我想，为什么不试试以"现代诗"这一概念为核心，围绕"如何创作现代诗歌"开展一次项目化学习呢？这样一来，学生在项目化学习问题链的驱动下，不仅能自主探究了解现代诗的特点，学会运用现代诗的语言形式，还能自觉联系生活实际，提炼生活中的素材创作诗歌，表达自己独特的情感体验，形成原创的诗歌作品并进行迁移创作。

二、项目设计

（一）项目目标

1. 语文学科素养

（1）语言建构与运用：了解现代诗在内容和形式上的特点，掌握现代诗在分行、节奏、韵律等方面的知识；能够通过朗读，读出诗歌的节奏和韵味，读出诗歌饱含的强烈情感；掌握现代诗常用的联想与想象、拟人、比喻、反复等创作手法及其表达效果，并在创作现代诗的过程中进行运用。

（2）思维发展与提升：发挥联想和想象，掌握现代诗语言表达、诗歌意象、诗歌情感与诗歌主题的关系，提出关于现代诗创作的独特见解。

（3）审美鉴赏与创造：能够通过阅读、鉴赏现代诗相关作品，感受现代诗的语言美与意境美，提升对现代诗的鉴赏力；能结合生活体验，选择独特的诗歌意象，创造性地进行现代诗的表达与创作。

2. 学习素养

（1）创造性实践

好奇、冒险：对现代诗及其创作过程充满好奇，有强烈的求知欲望；敢于探索现代诗创作这一全新的领域，喜欢尝试新的想法和经验，不担心失败或犯错。

产生多样性想法：从多种不同的角度选择创作有关"童年"的现代诗的小主题与诗歌素材。

产生创造性想法：提出新颖独特的创作想法；对现代诗创作产生创造性的见解。

评价和改进想法：提出新颖独特的评价建议，并根据评价改进想法。

（2）探究性实践

建立知识联系：建立"现代诗"这一概念的内容表达与形式特征的联系；在阅读、鉴赏、分析、创作中，掌握诗歌意象与生活中人事景物的关系，建立节奏、韵律的语言形式，比喻、拟人、反复等创作手法与诗歌意象、意境、情感之间的联系。

(3) 社会性实践

书面和口头报告：能以较规范的文本书写诗歌创作研究小论文，语言得体，表达准确，观点独到；能在诗歌沙龙会作为原创诗人进行口头报告与演讲，并运用适切的媒体技术、眼神手势等增强自己的表现力。

(二) 挑战性问题

1. 本质问题

现代诗的本质特征及其创作表现是怎样的？

2. 驱动性问题

江小诗文社将以"送给童年的诗"为主题，举办一场现代诗歌沙龙会，招募原创诗人，展示与交流"小诗人们"的原创诗歌及诗歌创作观点。作为参与沙龙的原创诗人，你会创作怎样的诗歌送给童年并对诗歌创作提出怎样的看法？

三、项目实施

(一) 入项

1. 情境驱动

学生欣赏江小诗文社成员原创诗歌《童年是诗》并配乐朗读，组织讨论：

(1) 这首原创诗歌最吸引你的地方是什么？

(2) 你是否想为自己的童年写一首诗，你想写一首怎样的诗？

通过观看原创诗歌朗诵节目，学生直观感受并沉浸于诗歌的想象中，触动了学生对于童年生活的回忆，激发了学生为童年创造诗歌的兴趣。

2. 提出驱动性问题

通过观看江小诗文社招募视频，提出驱动性问题：如果你想参与沙龙成为原创诗人，你会创作一首怎样的诗歌送给童年并对诗歌创作提出怎样的看法？

3. 组成诗社

联系之前讨论的"你想为童年写一首怎样的诗？"这一问题，进行头脑风暴：要创作"一部送给童年的诗"，可以将"童年"的诗分为哪几个小主题？学生交流了众多可以代表童年的小主题,最终采取合并和分类的方法,共同确定了六个主题:校园师生、学习生活、运动游戏、亲子生活、童年眼中的大自然、童年的烦恼。学生们根据头脑风暴时的主题分成了六大诗社,组内自主讨论为诗社取名,设定组名的意义。如表5-1所示。

表5-1 《送给童年的一部诗》主题选择与分组

主题选择	分组	诗社名称	名称内涵
校园师生	杨亦雯(组长)、张晨熙、王子昂、施帝文、钱皓轩、朱求坤	花园诗社	老师是园丁,我们是祖国的花朵,在老师的精心照料下,校园变成了一座美丽的大花园。
学习生活	黄宇轩(组长)、倪哲宇、宋经雯、凌羽馨、丁逸菲、黄添奕、邓镠泽	向阳诗社	学习是童年校园的一缕朝阳,我们向着太阳茁壮成长。
运动游戏	徐瑞汐(组长)、张芷妍、林千寻、范熠彬、李昊凌、顾心怡	稚华诗社	"腹有诗书气自华"形容有才华有气质的人,一群爱写诗爱读诗的稚子聚在一起,其乐融融,不亦说乎。
亲子生活	廖恩泽(组长)、王梓馨、周品赞、顾玲嫣、刘梓航	无涯诗社	"无涯"取自"学海无涯",代表着我们的组员可以无边无际、天马行空地探索诗歌的世界。
童年眼中的大自然	沈艺炜(组长)、唐晨昊、朱雨彤、孙瑞瞳、赵语嫣、边钰桐、孙逸霏	自然诗社	"自然"是天然去雕饰,是本真不做作,是天真烂漫、美轮美奂,我们诗社崇尚的就是写自然之诗。
童年的烦恼	张之赫(组长)、陈涵煜、李乐彬、施归祺、龚睿莹、龚皓轩	风雅诗社	"风雅"源自《诗经》中的《风》《雅》,寓意是我们写的诗优雅、有风韵。

(二) 和学生共同形成子问题链

学生填写并讨论《送给童年的一部诗》,形成小组问题清单。在问题清单中,学生关注的问题有:如何找到诗歌的内容切入点?如何把一件事写成一首诗?如何在诗歌中表达情感?创作出怎样的诗歌才算是符合要求的?如何写出诗歌的意境美?如何让诗歌语言优美?……根据学生的问题清单,我们共同梳理了四个子问题。子问题1:同一主题下可以写哪些方面的内容?子问题2:怎样让生活中的素材变成诗的语言?子问题3:如何让诗歌的表达更优美?子问题4:你对诗歌创作有什么看法?根据子问题链,小组间共同讨论明确项目实施方案,确定各小组的活动进程、分工和要求。

表5-2 向阳诗社项目化学习方案

时间	任务	分工安排	完成情况
第一周	1. 确定诗歌主题 2. 寻找素材 3. 完成诗歌初稿	组长负责,全体成员完成	
第二周	1. 对初稿进行评价 2. 修改初稿 3. 组内共评,再次修改	两两互评,组长汇总	
第三周	1. 完成诗歌终稿 2. 完成诗歌配画 3. 完成封面设计 4. 誊写诗歌终稿	配画:宋经雯、凌羽馨 封面:凌羽馨 文字书写:宋经雯、黄添奕	
第四周	1. 制作诗社沙龙PPT 2. 完成研究小论文 3. 沙龙展示	PPT:邓镠泽 小论文:倪哲宇 诗歌朗诵:黄宇轩 观点阐述:倪哲宇	

(三) 综合各诗社的标准形成达成共识的量规

学生创作的诗歌应该达到怎样的标准才能在沙龙中脱颖而出呢?各诗社成员间采用便签条的形式发散思维,尽可能多地写出诗歌评价标准有哪些,并在小组内展开观点大讨论,由组长进行观点汇总。

表5-3 诗歌评价标准初始观点

诗社名称	主要观点
向阳诗社	诗的题目要吸引人;诗歌语言要生动,让读者体会到情感;诗歌要押韵、合理分段;诗歌要合理运用修辞手法;诗歌要联系自己的生活;诗的结尾要精彩。
无涯诗社	诗的题目不能直接是主题;诗歌要生动,运用一些修辞手法;诗要有意境,让人感受美的同时体会诗歌的主旨。
花园诗社	诗要围绕一个主题写;诗要运用丰富的想象力;诗要运用修辞手法;标题要吸引人。
自然诗社	诗一定要有意境;诗的语言要有个性;诗的题目要符合主题;诗歌素材要新颖。
稚华诗社	诗的意境要优美;诗的题目与内容要符合;诗形象生动,运用修辞手法;诗歌要表达情感,突出主题。
风雅诗社	诗的语言要优美;诗的素材要新鲜;诗要围绕主题写;诗要有丰富的想象力。

在组长进行交流汇报时,我们发现各诗社在许多地方的观点是一致的,但在不少方面又对其他组的内容进行了补充,使得评价标准更加合理。如向阳诗社、花园诗社都提出题目要吸引人,而自然诗社、稚华诗社则提出诗的题目不仅要吸引人,还要符合主题、符合内容。于是我们分项对其进行归纳整理,共同理清了这次诗歌创作的评价维度:诗的题目、诗的内容、诗的语言、诗的情境,并初步拟定了诗歌评价量规。

表5-4 《送给童年的一部诗》诗歌评价量规

评价内容	评价标准	自评得分 (1—5分)	互评得分 (1—5分)
诗的题目	1. 诗歌题目与主题、内容相切合; 2. 题目富有吸引力。		
诗的内容	1. 诗歌内容围绕一个主题写; 2. 诗歌素材来源于生活,新颖有趣。		
诗的语言	1. 诗歌能合理押韵、分节,富有节奏感; 2. 诗歌语言生动优美,富有情感; 3. 诗歌能运用一定的修辞手法。		
诗的情境	1. 诗歌富有想象力,意境优美; 2. 诗歌意境中饱含情感,能体现诗歌主旨。		
自我反思与改进: 自评者:			
同伴的建议: 评价者:			

(四)知识与能力建构

各小组制定学习方案后开始基于各诗社的小主题创作诗歌初稿,为方便社员之间随时随地进行讨论与分享,我们创建了六个诗社微信群,这样教师也能时时关注各诗社诗人们的创作进度,发现问题,搭建支架。

子问题1:同一主题下可以写哪些方面的内容?

六大诗社在制定方案后,纷纷开始自主创作诗歌,但一开始诗社成员之间并未对诗歌内容作出讨论和协商,于是,在学生完成初稿后,他们才发现,在同样的小主题下,诗歌创作的内容具有很大的相似性,并不新颖独特。风雅诗社围绕"童年的烦恼",内容多局限于学习的烦恼;自然诗社围绕"童年眼中的大自然",内容多局限于描绘大自然的事物,但没有突出童年;向阳诗社围绕"学习生活",诗歌内容多是围绕"学习"这一字眼,缺乏具体学习情境;花园诗社围绕"师生",内容多数局限于感恩老师,与童年主题有一定差距;尽管风雅诗社、稚华诗社、无涯诗社也有个别学生创作的诗歌内容较有特点,但大部分学生都有同样的问题出现。

支架一:发散性思维讨论,思维导图架构

为了让学生在内容上有自己的创见和独特个性,我建议各组长组织一次发散性思维讨论,互相进行思维碰撞,思考"在小主题之下,如何保持个人诗歌内容的独创性?"这一问题。于是各小组约定时间进行组内讨论,并将每位同学想到的点简要形成思维导图,随着讨论的深入,学生思考的闪光点也越来越多,诗歌的个体性、独特性初步彰显。如风雅诗社是围绕"童年的烦恼"这一主题创作诗歌,但组员们都不约而同地想到了学习上的烦恼,所以诗歌内容呈现同质化。发散性思维后,组员们对于"童年的烦恼"有了重新的定义和认识,他们发现"烦恼"也可以是快乐的、甜蜜的、有趣的、好奇的,等等。最终就姐弟间、朋友间、身高等话题创作了新的诗歌,而有关学习上的烦恼,则选择了较优的两首进行了保留。自然诗社围绕"童年眼中的大自然"进行创作,但许多初稿仅仅停留在对大自然的景物进行描绘,没有体现童年与大自然的关系,有些偏题,进行发散性思维后,他们也重新调整了思路,对大自然素材的选择除了"自然景物"外,还拓展到童年生活对于自然界动物的关注与好奇,对自然现象的感受等。

表5-5 诗歌内容选择原稿与修改稿

诗社名称	诗歌主题	内容选择	
		原稿	修改稿
花园诗社	校园师生	感恩老师、回忆校园	有趣的老师、师生观察操场的爬山虎、思念转学的同学、在操场玩白霜、人生的引路人、崇拜的他

续 表

诗社名称	诗歌主题	内容选择	
		原稿	修改稿
向阳诗社	学习生活	童年、学习	一次舞台表演、看书、午休、课间学习、折纸飞机、创意课堂、跳舞
稚华诗社	运动游戏	溪边网鱼、童年、游戏、奔跑	溪边网鱼、拔河、摸石头过河、在花园和操场玩耍、放风筝、捉迷藏
无涯诗社	亲子生活	与父弈棋、与母品茶读书、美好生活	与父亲弈棋、亲子阅读、荡秋千、一家人散步、家人与我相处的点滴、听爷爷评弹、母亲的背影
自然诗社	童年眼中的大自然	大自然、大海、天空、森林	雨中漫步、抓蝴蝶、看蜗牛、观赏小池塘、向日葵、太阳、风
风雅诗社	童年的烦恼	别人家的孩子、成长的烦恼、学习的烦恼	别人家的孩子、成长的烦恼、身高的烦恼、姐弟的烦恼、探索的烦恼、朋友的烦恼

子问题2：怎样让生活中的素材变成诗的语言？

学生初稿或修改稿中还存在一个共同的问题：创作的诗歌比较平白，类似于打油诗，缺乏生活素材的提炼，诗歌创作停留于文字的排列，内容缺乏生活根基、想象力和艺术性。鉴于诗歌意象对于学生来说比较陌生，也比较难懂，我们共同学习并分析了第三单元的现代诗《繁星》《绿》《白桦》《在天晴了的时候》，理解诗歌的"意象"其实就是理解诗歌中的人、事、景、物所构建的意境，我们可以根据诗歌所要表达的情感，从生活素材中提炼词语，组合成诗歌意象，创作诗歌。当学生理解了诗歌的意象之后再重新审视自己的诗歌初稿，学生的问题大致可以分为两类：一类学生诗歌中缺乏生活素材；一类学生诗歌中虽然有生活素材，但从生活素材中提炼的诗歌意象比较单薄。针对学生诗歌创作的差异性，我设计了两个支架。

支架二：感官提炼意象法

针对一部分对诗歌意象理解不是很清楚的学生通过"怎样让生活素材变成诗"这一表格，运用感官提炼法，帮助学生回忆生活情境，从生活素材的场景中，提炼诗歌意象，修改诗歌。

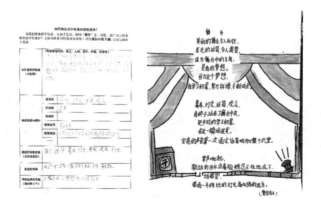

图 5-1　学生作业

支架三：意象组合改进法

对于有些在诗歌创作方面比较灵敏的学生，已经自主运用了一些意象进行诗歌创作，但意象比较单薄，还存在意象不丰富、意境不充分的情况，我设计了"如何进行最佳意象组合"引导学生拓宽意象的选择性空间，进行诗歌意象的重新选择与组合。

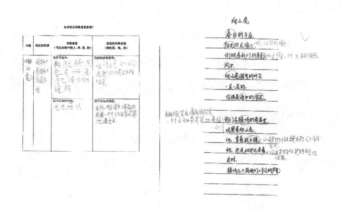

图 5-2　学生作业

子问题 3：如何让诗歌的表达更优美？

各诗社根据主题选择诗歌素材、提炼意象创作出来的诗歌在内涵上已经颇有诗歌雏形，但在语言形式和表达方法上还存在不少问题。对比诗稿，不难发现，不少同学对于诗歌如何分节不是很清楚,诗歌的韵律也不是很鲜明,有些诗歌语言比较细腻,运用了排比、比喻等修辞,有些诗歌语言则较为口语化,诗情的表达不够富有创造力。为此,我们商议并决定开展一次"审稿大会",化身为"审稿达人",对"小诗人们"在语言表达上存在的几个问题进行各个突破。

思考一:什么时候分行、分节?

小诗人们都很赞同现代诗一定要分行、分节,这样才能有现代诗的节奏美,但在具体的创作中,还是能挑出不少乍一看"四不像"的诗歌,说是诗歌它句子太长不分节,说是散文它不分段却换行。怎么解决这个问题呢?其实并不仅仅在于告诉学生这里要分节、那里要分行,而要让学生自己发现分行、分节与诗歌本身的内容和意义的联系。于是"我是审稿小达人"的第一项基本功就是"看",为了练习小诗人们的这项本领,我先对比了学生写的《教室》一诗,就分与不分之间的形式和内容的差异,给学生做出审稿示范,让学生明白分行分节是根据诗歌意义而定的,并非想分就分。接下来我下发了《我是审稿小达人》分行分节的练习单,针对学生写的《午休》一诗进行分行分节的修改建议,学生的想法见仁见智,做出的修改也并不相同,想知道谁的修改更合适,就要通过反复的朗诵,朗诵最能感受到怎样的分行分节更契合诗歌的意义和情感表达的需要。

表5-6 "我是审稿小达人"学习单一

我是审稿小达人
请你根据诗歌评价标准进行审稿,这首诗歌部分地方没有分行、分节,请你想一想怎样分行(分节)更符合诗歌的情境?请在该分行的地方划上"/",该分节的地方划上"//"并给出这样建议的理由。
午休 作者:凌羽馨 阳光明媚的午后,洁白的云朵在天空闲游。 热闹的操场上,没有奔跑跳跃的身影。 只有轻风拂动着书页的律动。 一双双小手轻轻翻动书页,一只只眼睛紧紧盯着文字。 缕缕阳光照射在书本上面,生动的文字被照得闪闪发光。 一张张小嘴开开合合,小老师们互相解答。 大家在欢笑中收获知识, 在欢乐中学习研究。

思考二：诗不押韵怎么办？

朗读中学生还发现一个问题，就是诗歌不押韵有时候会影响诗歌的表达，尽管现代诗韵律比较自由，但是如果创作的诗歌有押韵的条件，学生更喜欢读有明显韵律、朗朗上口的诗。那审稿中读到韵脚不分明的诗歌怎么给出修改建议呢？这又要训练审稿的第二项本领"读"。这次的"读"不在于通顺，而是在读中圈画韵脚，感知诗歌韵律，发现不押韵的地方，尝试改变词句、韵脚，不改变诗意，最好还能优化诗意。为此我选择了学生写的《身高的烦恼》《小池》两首本身较有韵律的诗歌，引导学生发现其韵脚，并做出恰当的韵脚改动，学生通过练习后还学会了迁移，运用方法修改自己的诗歌。

表5-7 "我是审稿小达人"学习单二

我是审稿小达人	
请你根据诗歌评价标准进行审稿，画出诗歌的韵脚，并想一想诗歌的韵脚还可以如何改进，使其能更有节奏感？请在原稿上写出具体的修改建议。	
小池 作者：孙逸霏 在下课的时候， 该到小池旁走走， 同学们在池边， 快乐地玩耍， 时不时扔下几声笑声， 留下永远的回忆。 在下课的时候， 该到小池旁走走， 那多彩的鱼儿， 在池中快乐畅游， 把那清澈的池水， 照着阳光四处飞溅。 到小池边看看鱼吧， 在下课的时候， 被风吹进池中的树叶， 成了那童年快乐的诗篇。	身高的烦恼 作者：李乐彬 从小我就有个烦恼， 个子比别人高。 唉，比实际年龄高， 很早就买起了成人票。 比班里同学高， 座位总被安排在最后。 儿童乐园限高， 只能看其他小朋友玩耍。 妈妈却说， 希望你快快长高， 就不会要买奥特曼卡包。 啊，我的烦恼， 有谁能够明了？

思考三：语言怎样更诗意？

当诗歌的语言表达形式修改得差不多的时候，不少审稿诗人经常发出这样的感叹："为什么这首诗写得这么好？"于是我再次带领学生回顾审稿中被称赞的《教室》《小池》这两首诗歌，《教室》一诗最吸引人的地方就是充分发挥了联想和想象，让黑板、粉笔、课桌椅"会说话""有情绪"，并运用排比和比喻，这样一来，孩子们化身演奏家，让教室里朗诵、讨论、背古文的声音变成了赏心悦目的交响曲。《小池》一诗学习了第三单元中《在天晴的时候》中"反复"的表达方式，"到小池边走走吧，在下课的时候"多节反复，让人感受到小池的美丽、童年的快乐。通过学生们的自主探索和老师的点拨，他们渐渐领会这些诗歌表达的小技巧。但欣赏还不够，还要会"用"，小诗人在领略了诗歌表达方式的巧妙之后，可以作为审稿小达人，针对自己审的诗稿提出语言表达方式的具体建议，并在审稿人的建议下尝试美化自己诗歌的表达。

思考四：诗稿不美怎么办？

经过审稿大会的大幅度修改，大部分同学的诗歌已完成终稿，做好结集出版的准备，可大家发现，有的同学字迹不美观、不工整，单纯的文字排版也让人觉得有些单调，尤其是从"送给童年的一部诗"这一主题出发，童年的色彩未免太不美妙了。如何改进呢？我们再次走进了第三单元中冰心的《繁星》，诗歌的表达如此含蓄，但我们却能切身体会，其功臣之一就是课文插图，插图有时不仅能优化诗的意境，还能深化我们对诗歌的理解。鉴于此，小诗人们一致赞同，通过诗社的分工合作，分配文字誊抄和绘制插画的工作，如何誊抄、图文如何配合等问题全部由讨论决定。令人欣喜的是，诗人们改进后的诗稿不仅美观，而且大家发挥了想象，让诗歌更有诗的意境，让人回味无穷。

子问题4：你对诗歌创作有什么看法？

对于这一问题，我们开展了"我是诗歌创作代言人"活动，组内通过共同讨论，交流分享自己对于诗歌创作的观点与看法，然后各自选择一个观点，结合诗歌创作的过程进行论证，并经过讨论修改后，形成研究小论文。小诗人们的表现是出人意料的，我没有告诉他们研究小论文应该如何写，甚至议论文写作，小学生也是不太会写的。

令人惊喜的是,各诗社写出的"小论文"不仅能从各诗社的小主题出发,还能结合自己的创作体验,选择一个角度,发表自己的观点,六大诗社的观点可谓各有亮点、精彩纷呈。更不可思议的是,无涯诗社的研究小论文颇具论文雏形,它谈论了现代诗歌的意义、意象和表达等方面,观点明确,思考也较全面。

表5-8 诗歌创作研究小论文

诗社名称	论文主题	主要观点
无涯诗社	"论现代诗的创作"	以学术论文的形式撰写,议论了现代诗的写作意义、阅读方法、写作技巧等方面,认为创作现代诗意象应选择代表性事物,可以运用修辞或者托物言志、以动衬静等艺术表现手法。
自然诗社	"诗歌如何以景衬情"	根据本组诗歌主题和语言的特点,从"以景衬情"的角度阐述观点,认为写景诗歌应注重以景衬情,景中有情、借景抒情。
风雅诗社	"诗歌怎样创作更独具一格"	从创作中遇到的"内容角度相似"的问题出发,认为想要让诗歌独具一格,首先要联系个人的独特经历,其次要体现个人的独立思考。
向阳诗社	"诗歌创作应注重语言形式美"	根据创作中遇到的诗歌内容与诗歌语言的矛盾之处,认为现代诗应更注重"语言形式美"。
花园诗社	"诗意生活"	阐述了现代诗与生活之间的关系,认为现代诗的情感和意境源于生活,高于生活。
稚华诗社	"论儿童诗的创作"	认为创作儿童诗的前提是要多观察感受生活,诗歌要有画面感和意境,语言通俗易懂。

(五) 出项

我们举办了《送给童年的一部诗》诗歌沙龙会,沙龙会上,各诗社不仅展示了诗歌作品、配画,还通过配乐诗歌朗诵感受诗歌的意蕴,再结合讲述诗歌背后的故事,让人领略童年生活的美好。沙龙的最后,各诗社纷纷阐述了关于现代诗创作的观点与看法。在分享与交流中,学生一方面欣赏了诗歌的文字美,在朗诵中感受了诗歌的语言美,另一方面也惊讶于其他诗社对于诗歌创作的观点阐述,学生的思维火花在不断地碰撞。成果分享结束后,小诗人们根据成果评价表,评选出了"最佳原创诗人""最美朗诵者""最佳演讲者""最佳合作诗社"。在沙龙的最后，我们决定"编辑出版"作品《送给童年的一部诗》，于是我们又对诗集的封面、目录、诗歌排版进行了讨论，商量并统一各诗社主题的表达，将其改进为"趣美自然""游乐无穷""情系师生""亲子美好""学而不厌""无虑有忧"六个板块，并完成了诗集的封面、板块封面和目录制作，整理了《送给童年的一部诗》最终稿。

表5-9 《送给童年的一部诗》终稿及排版

诗歌板块	诗歌排序	创作者
趣美自然	《风》《雨中漫步》《太阳》《小池》《追蝴蝶》《小蜗牛》《向日葵》	自然诗社
游乐无穷	《摸石头过河》《溪边网"愉"》《捉迷藏》《乐园》《风筝》《拔河》	稚华诗社
情系师生	《她》《人生的引路人》《思念》《最崇拜的他》《秋霜的快乐》《爬山虎》	花园诗社
亲子美好	《惬意时光》《秋千》《简单的幸福》《月下评弹》《散步》《闲暇时光》《背影》	无涯诗社
学而不厌	《纸飞机》《创意课堂》《教室》《看书》《午休》《练舞》《舞台》	向阳诗社
无虑有忧	《秘密》《身高的苦恼》《别人家的孩子》《姐姐》《成长的烦恼》《为什么》	风雅诗社

在这次出项展示中，各诗社的作品各有千秋，每个诗社都不乏优秀作品。风雅诗社的原创诗歌作品在整体上较为优秀，根据成果评价量规，其优势有五点：一则对童年烦恼的解读比较独特，诗歌创作的角度独树一帜；二则诗歌注重节奏韵

图5-3 学生作业

律，读起来朗朗上口；三则叙事素材贴近学生生活，易引起共鸣；四则诗歌终稿配画风格统一，符合诗歌意境；五则研究小论文《诗歌怎样创作更独具一格》结合创作体验有感而发。

其次，花园诗社的《秋霜的快乐》、自然诗社的《小池》、向阳诗社的《看书》获得点赞数较多，其优势在于选择较有代表性的诗歌意象进行组合，意境优美，语言生动，韵脚鲜明。最后，各诗社中也有一部分作品诗歌意境创设较佳，但是最终稿的书写忽略了诗歌的分节，较为可惜，如向阳诗社的《教室》、无涯诗社的《散步》。

图5-4 学生作业

图5-5 学生作业

四、项目评价

(一) 过程性评价

1. 对核心知识的评价

本项目中对于核心知识的过程性评价主要关注现代诗的创作过程。在项目初始阶段,我们已经初步拟定了诗歌评价量规,由学生进行自评及互评,这一量规在评价诗歌初稿的时候是适用的,但在学生理解了诗歌意象并尝试在诗歌中运用不同的意象组合创作诗歌时,是略有不足的,因为原有的诗歌评价量规对于诗歌意象的评价标准是缺失的。而在子问题 3 的审稿过程中,诗歌评价标准又在诗歌语言及诗歌情感的表达上得以优化,并作为评价方式在学生的审稿行动中发挥作用。由于诗歌评价量规重在反馈问题,提出改进建议,因此我们将修改后的评价量规去分值化,改为完全符合、基本符合、不符合三个等级,由学生自己、同伴及教师进行评价。

表 5-10 修改后的诗歌评价量规

评价内容	评价标准	完全符合	基本符合	不符合
诗的题目	1. 诗歌题目与主题、内容相切合;			
	2. 题目富有吸引力。			
诗的内容	1. 诗歌内容围绕一个主题写;			
	2. 诗歌素材来源于生活,新颖有趣。			
诗的语言	1. 诗歌能合理押韵、分节,富有节奏感;			
	2. 诗歌语言生动优美,富有情感;			
	3. 诗歌能运用一定的修辞手法或创作手法。			
诗的意境	1. 能从生活素材中提取恰当的意象;			
	2. 意象组合合理,富有想象力;			
	3. 诗歌创设的意境优美,富有画面感;			
	4. 诗歌意境中饱含情感,能体现诗歌主旨。			
诗的情感	1. 诗歌饱含真挚的情感,富有感染力;			
	2. 能采用恰当的抒情方式进行间接或直接抒情。			
建议:				
			评价者:	

2. 对学习实践的评价

对学生学习实践采用过程性评价能有效增强学生的热情,引导学生拓展相关知识,积极反思,提高自我评估能力。本项目中涉及的学习实践类型较多,但在学习实践过程中最重要的是创造性实践,因此我们选择了创造性实践进行过程性评价。

表5-11 创造性实践评价量规

评价维度	优秀(3星)	良好(2星)	初级(1星)	星级评价
好奇心	我对现代诗及其创作过程充满了好奇,有强烈的求知欲望。	我对现代诗及其创作过程有一定兴趣,愿意探究新的问题。	我对现代诗及其创作过程不感兴趣,没有探究新问题的欲望。	
冒险精神	我敢于探索现代诗创作这一全新的领域,喜欢尝试新的想法和经验,不担心失败或犯错。	我有时不敢尝试新的领域、新的想法或经验,因为担心失败。	我很少尝试新的想法或经验。	
多样性	我能从很多不同的视角看待同一个主题或内容,并提出多元化的想法和策略。	我需要在同学的帮助或借助一定的思维拓展工具才能产生不同的想法。	我几乎是从同一个视角看待问题的。	
创造性	我能自主提出全新的观点或理念。	我需要在帮助下才能产生一些新的想法。	即使在帮助下我也很难想出新的观点。	
评价改进	我能从不同的角度提出新颖独特的评价建议并成功进行改进和完善。	我能提出合理的评价建议,但想法不够新颖独特,改进时较有困难。	我几乎不能提出有效的评价建议,改进时有很大困难。	

(二) 结果性评价

本项目的最终成果采用的是在诗歌沙龙中进行公开报告,公开报告中包含三个部分成果展示:诗歌作品、诗歌朗诵和论文演讲,项目学习成果评价量规中的维度有效地反馈了项目成果所包含的核心知识与能力、高阶认知策略及学习实践的效果。

表 5-12　项目化学习成果评价量规

	评估项目	评估标准	得分
成果中包含的核心知识或能力	诗歌表达	诗歌主题鲜明,内容有新意,诗歌富有韵律,诗歌意象组合新颖,语言表达富有想象力和创造性,意境优美,诗歌情感真挚,有较强感染力。	
	诗歌创作观点	对诗歌创作的见解基于独特的诗歌创作经历,表达的是对现代诗创作的创造性理解与真实感受。	
成果的呈现样态	诗画融合	诗歌书写工整美观,诗歌插画与诗文相契合,富有诗情画意,能鲜明地表现诗歌主题,并引发人的联想和想象。	
成果表现	朗诵表现	朗诵时姿态大方、声音优美,朗诵富有节奏和韵律美,让人感受到诗歌的意境,体会到诗歌表达的情感。	
	论文演讲	演讲时姿态大方、声音洪亮、语言表达流畅,对诗歌创作的见解能通过有理有据、新颖独特的语言或肢体进行表达。	
成果中存在的问题			
可以改进的具体建议			

五、关键问题探讨

怎样在合作探究中激发学生的个性和创造力？这是在《送给童年的一部诗》项目化学习实施过程中最具挑战的问题,尽管都是送给童年的一首诗,但"一千个学生眼中应有一千个不一样的童年",这才是独创。

(一) 缓搭支架,给予学生更多思考和解决问题的时间

在创作现代诗的过程中教师是"放"还是"扶",这是最难把握的。"扶"的太多,学生的思维容易被束缚、被限制,从而丧失独特性和创造性；"放"的太多,学生的思考和创作容易浅尝辄止,浮于表层。在《送给童年的一部诗》项目化学习中,如何让学生在创作现代诗的过程中深度学习,创造出独具特色的现代诗呢？如果站在教师的角度让学生去根据项目设计与预期去学习,学生一遇到困难立马搭建支架,让学生按照既定的路线学习,那学生的个性很有可能会在条条框框里被扼

杀，深度学习依然没有真正发生，更不必说独创。我的选择是缓搭支架，"让问题先飞一会儿"。在项目的学习实践中，我们不难发现"素材同质"问题，而这并不需要教师搭建支架提供范例，学生通过努力发散思维可以自己解决这一问题，甚至能想到更出彩的素材。而"素材不能很好地转化为诗歌意象"的问题，如果教师早早提供"感官提炼意象法"这一支架，就会限定学生的思路，导致学生只会用"五感"去创造诗歌意象，教师也更不会发现学生遇到的困难是有差异的，有的学生根本不需要这一支架，他通过自己的思考与探究，已经把生活中的素材写成诗了，虽然采用的方法不是五感法，但诗歌意象很真实、很有个性，他需要的仅仅是怎样让意象组合得更优美，"感官提炼法"支架只对经过努力依然不能提炼诗歌意象的学生是有效的。"非必要不提供支架"，让支架来得晚一些，就能给予学生更多思考和解决问题的时间，去创造更多的可能性，只有这样才能更好地发挥学生的主观能动性，让学生在创作诗歌时可以天马行空，保有最真实的个性和最大胆的创造。因为学生一步一步地学着自己走，刚开始走得慢、走得缓，还经常走弯路，但却能走得更远、更好。

（二）发散思维，寻求多样化的思考和解决问题的视角

在一般的合作探究中，往往需要合作团体进行集体决策来共同选定一种解决问题的方式，这种解决问题的思维方式有其优势，但也不可避免会出现个别成员"躺平"，不发言不思考，一味等待"强者"或者"多数人"决策的情况，减少了其他人发挥创造性来解决问题的可能性。与之截然不同的是，在《送给童年的一部诗》小组创作诗歌的过程中，六大诗社不是在合作探究寻求一种共同的解决方式，而是在合作探究中碰撞出不同的火花、不同的见解，直至创作出不同的原创诗歌，这种思维方式就是发散性思维。大量地运用发散性思维，给予了每位成员交流思考的空间，营造了一种追求多样性、创造性理解的合作氛围，能最大限度发挥个人的主观能动性，展现个人最独特的体验与思考。当各大诗社都遇到诗歌内容同质或相似的问题时，只有发散学生的思维，才能发现独特的诗歌角度。当诗人们在韵律、意象的选择上存在问题时，修改诗稿的答案也不是唯一的，团队中的每个人都可以发散思维给出独创的建议，这些建议在追求多样性、创造性理解的合作氛围中

会触发更多个人的灵感,碰撞出更美妙的火花。在这一过程中,诗歌的语言、意象、修辞都可以更加优化,但没有绝对的对错,发散性思维促使学生不断优化自己的作品,不断提高对诗歌的鉴赏与创作能力。

(三) 善待问题,挖掘问题解决过程中有效失败的独特价值

正所谓"不破不立",在项目化学习的实施过程中,学习是伴随着问题的深入而不断深入的,发现问题的时机就是学习的契机,解决问题的过程也不可避免会出现失败,失败之后再次深入问题的探索,最终创造性地解决问题,这就是项目化学习过程的"破"与"立"。在《送给童年的一部诗》中,四个子问题链下还有很多细小的问题,这些问题在合作探究的过程真实出现,并给学生的进一步学习造成了阻碍,如在思考"诗歌的语言如何更优美"这一问题下,学生不可回避的一系列问题就是:诗歌如何分行分节?诗歌如何押韵?运用什么诗歌表现手法?等等。对这些问题的深入探究,推动着学生主动思考,提出自己的看法,主动尝试运用自己的方式修改诗歌、解决问题,这一过程中有失败、有体会,最终才会让学生形成自身对于关键概念的深度理解,以及对问题的独特看法。正因各诗社创作诗歌时遇到了各不相同的问题,体验了不同样态的失败,六大诗社创作诗歌观点才会独树一帜。向阳诗社正是在不断修改诗歌语言的过程中,才领会到诗歌应注重语言形式美;风雅诗社正是在遇到诗歌内容极度同质的问题时,才打破常规写出了童年烦恼的丰富多彩;自然诗社正是在情与景的融合困境中,才领略到如何在诗歌中以景衬情。在项目化学习的过程,我们更应善待问题,挖掘每一个问题解决过程中失败的价值,才能最大限度地激发学生的个性和创造力。

项目 6： 我为老师做软件

课程类型及课时数	课程类型	年级	课时数
	信息科技	六年级	18
所属学校	上海市第二初级中学		
设计者	杨晨祺		
实施者	杨晨祺		

一、为什么做这个项目

图形化编程软件的出现降低了编程的门槛，也提高了学生学习编程的兴趣。然而，从以往的教学经验来看，学生在学习了编程的知识与技能后，并不能很好地应用技术来解决生活中的问题。例如，在某项程序制作活动中，绝大多数学生无法很好地实现程序设计与制作，即便所面临的问题并不复杂。

造成这一现象的主要原因是学生缺乏计算思维。具备计算思维的学生，在信息活动中能够采用计算机可以处理的方式界定问题、抽象特征，运用合理的算法形成解决问题的方案，并迁移到与之相关的其他问题解决中。[①] 学生们之所以存在计算思维不足的问题，是因为课堂情境并非源自真实需求，或者只涉及真实需求的片段，这就导致了学生们对于计算思维的运用不够完整。

由于真实性是项目化学习的一个重要特征，真实项目是指学生解决这个问题的思路在现实生活中是可以迁移的。[②] 由此，我们设想引导学生在项目化学习中解决真实的软件开发问题，从而提高他们的计算思维。

[①] 中华人民共和国教育部. 普通高中信息技术课程标准：2017 年版[S]. 北京：人民教育出版社，2018：6.
[②] 夏雪梅. 项目化学习设计：学习素养视角下的国际与本土实践[M]. 北京：教育科学出版社，2018：11.

二、项目设计

(一) 项目目标

为了将计算思维融入项目化学习,我们先将计算思维所包含的维度进行分解。虽然到目前为止,学界对计算思维都没有一个公认的定义,但就已有的文献来看,研究者们普遍认为计算思维是一种与问题解决相关的技能或思维。基于这个视角,美国佛罗里达州立大学的舒特(Shute)教授等人提出了一个计算思维的能力模型。[①] 它包括抽象、问题分解、算法设计、调试、迭代和一般化六个方面。鉴于迭代包含在算法设计的含义内,而一般化涉及问题在不同情境间的迁移。因此,我们对这个模型进行了简化(表6-1)。

表6-1 计算思维模型

维度	说 明
抽象	抓住问题的本质,忽略无关的细节;
问题分解	把问题分解成一个个可以处理的部分;
算法设计	设计一系列有序列的指令;
算法评估	识别、检测并修复解决方案中存在的错误,或评估不同算法的优劣。

由于"图形化编程"单元与计算思维的关联性较强,《上海市初中信息科技学科教学基本要求》关于该单元的学习目标主要包括:1.说明使用图形化编程工具制作人机交互作品的一般步骤;2.使用图形化编程工具,制作简单的人机交互作品。我们将这两个主要目标与计算思维模型(表6-1)相融合,设计了本项目的项目目标。

1. 学科素养

(1) 在真实情境中经历软件开发的全过程,说明使用图形化编程工具制作软

[①] Shute, V. J., Sun, C., & Asbell-Clarke, J. Demystifying computational thinking [J]. *Educational Research Review*, 2017, (22): 142 - 158.

件作品的一般步骤。

(2) 运用抽象、问题分解、算法设计、算法评估等计算思维能力,完成程序设计、编写程序、程序调试等任务。

(3) 使用图形化编程等工具,设计并制作软件作品,初步形成计算思维。

2. 学习素养

(1) 探究性实践:以软件工程师等身份,发现用户的软件需求,并在探究学习中设计和制作软件。

(2) 社会性实践:作为软件开发团队的一分子,承担团队角色和责任,与用户不断沟通软件需求,与组员沟通统一意见,向他人有效表达展示作品。

(3) 技术性实践:选择合适的信息技术工具制作软件作品的界面和程序。

(4) 调控性实践:参与模拟运营软件公司,体会学习乐趣。

(二) 挑战性问题

1. 本质问题

如何运用计算思维解决问题?

2. 驱动性问题

由于常规信息技术工具的局限性,一些老师设想中的教学活动无法实现,降低了课堂教学效率。我校六年级各班以此为契机,以班级为单位成立教育软件公司。作为公司的一员,你将如何了解老师的个性化需求并完成软件开发,从而提高老师的课堂教学效率?

三、项目实施

本项目以六年级信息科技"图形化编程"单元教学为依托,培养学生运用计算思维来解决项目化学习中的关键问题(表6-2)。

表 6-2　运用计算思维解决关键问题

项目关键问题/环节	计算思维运用
子问题1：如何明确软件需求？	抽象
子问题2：如何根据需求分析设计程序？	问题分解、算法设计
评价：中期评审会	算法评估
子问题3：如何形成软件初稿？	算法设计
子问题4：如何修改完善软件？	算法评估
评价：软件发布会	算法评估

（一）入项

本项目由学生曾参与过的某项信息学科教学活动引入。学生总结了用 PPT 来实施该活动的不足，并且在老师的引导下，学生发现这些不足可以通过图形化编程来弥补。

既然在信息课堂上存在无法较好实施的教学活动，那么其他学科是否也存在类似的问题？学生们一致认为这是有可能的，例如 PPT 只能按照顺序圈划图片和文字、答题游戏的随机性不强、无法拖动图片移动，等等。

在以上问题的驱使下，老师提出了驱动性问题。听到这样一个问题，学生明显有些兴奋，他们围绕驱动性问题开展头脑风暴，并表示可以与老师进一步沟通软件需求、设计界面、编写程序等。老师将学生们头脑风暴的结果进行梳理，明确了本次活动需要了解的软件需求，并经历软件设计环节，完成一款能提高教师课堂教学效率的软件作品，最终展示的形式是"软件发布会"，可以使用 PPT 等工具辅助展示。

由于学生们对于软件公司的运营并不了解，老师继续提问，我们是整个班级为一位老师开发软件吗？有学生提出需要通过分组形成团队。为了更合理地分组，学生们会先使用"个人能力评价表"（表 6-3）明确自己擅长什么，以及完成本次项目需要具备哪些能力。随后，各班就推选出六位组长，每位组长选出四至五位组员，其中包括需求分析师、界面设计师、软件工程师、调试人员等。组长在选择组员时需要平衡小组成员的特点,以免出现"有些任务抢着做,有些任务没人做"的情况。例如,如果组长自己较为擅长编程,不善于沟通,那么他的首要任务就是选择一位善于交流沟通的组员来做需求分析师。

表6-3 个人能力评价表

项目	表现标准	评价
组织协调	我擅长组织协调班级同学开展活动,同学们也愿意根据我的要求准时完成任务。	☆☆☆
交流沟通	我擅长和老师、同学打交道,能够理解他人的意图,也能清楚表达自己的想法。	☆☆☆
设计美工	我擅长使用PPT等软件制作图形,偶尔也会从网上下载喜欢的素材,并有较强的审美能力。	☆☆☆
编程创意	我擅长将他人或自己的想法转化为程序,对图形化编程感兴趣,愿意不断自主学习新的功能。	☆☆☆
检查纠错	我是一个仔细的人,愿意不厌其烦地检查,确保万无一失。	☆☆☆
表达展示	我擅长上台演讲,能结合PPT有效表达本组的想法。	☆☆☆

分组后,各组在老师的引导下制定项目计划,主要包括拟开发软件的学科、时间进度安排、人员分工,从而更有条理地开展项目。

(二) 探究

为了达到计算思维培育的目标,我们提取软件开发中的需求分析、程序设计、软件制作、调试交付作为本项目的主要环节并设计了相关子问题。

子问题1:如何明确软件需求?

入项后,各组通过课堂观察和师生沟通,发现了一些学科教学活动中潜在的软件需求(表6-4)。接着,各组的需求分析师与用户进一步沟通了软件需求,并记录了功能。

表6-4 教学活动中的潜在软件开发需求

学科	课堂教学活动	发现的问题
音乐	简谱视唱活动	老师用手势表示简谱
美术	名画流派分类活动	名画出现缺乏随机性
心理	横竖错觉测试活动	活动缺乏趣味性

那么如何让其他组员知晓用户需求,并进一步与用户明确需求呢?学生们提出要进行小组讨论,并将这些需求写下来,也可以绘制草图加以说明(图6-1)。

在老师的组织下,每位同学把用户的需求描述出来。此时,每位学生都是需求分析师,他们需要通过讨论确认软件的具体功能。

需求分析师:这是一个帮助同学认识简谱的软件,软件界面有三张卡牌,卡牌有正反面,正面是简谱,反面空白。

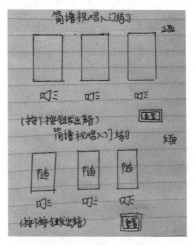

图6-1 界面设计草图

学生1:我们应该和其他组做得不一样,反面可以加入图案。

学生2:或许应该加一些使用说明?

学生3:加上使用说明会不会导致界面空间不够?

学生2:有可能,但可以单独显示。

学生3:初始化时,所有卡牌都是反面吗?

需求分析师:是的。

老师:你们还可以加一个"重置"按钮,实现一键复原。

通过讨论,他们汇总提炼、取长补短,形成讨论结果。随后,各组通过文字表达和草图绘制,将用户零散的功能需求抽象概括成了利于软件开发的需求分析,然后与用户再次确认软件需求,得到用户认可后方可进入下一环节。通过需求分析不仅可以了解用户需要什么功能,更重要的是可以便于与用户确认需求,避免后期因需求不明确产生错误的概率。

子问题 2：如何根据需求分析设计程序？

程序设计是将需求分析抽象成计算机程序的关键步骤,对计算思维的形成有着至关重要的作用。

以音乐学科"简谱视唱入门练习"为例,面对大量的功能需求,学生较为茫然,不知道从何入手,需要老师的引导：

老师：需求分析中有哪些功能是你可以完成的？

学生1：我可以实现程序初始化功能,这在入项活动中用到过。

学生2：我可以实现说明界面的现实。

老师：那么除此以外还有什么功能呢？

学生3：还有卡片切换功能。

学生4：还有播放声音,不知道如何实现。

通过引导,学生们把这款软件的功能初步分成了四个子问题(图6-2)。那么,这就是去除冗余信息,并进行问题分解的过程。这样可以将自己能够实现的功能逐一分离,剩下较难的功能重点突破,将其作为核心程序进行设计。

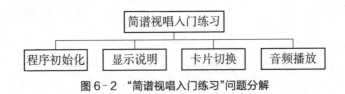

图6-2 "简谱视唱入门练习"问题分解

完成问题分解后,学生需要对其中的核心问题设计程序。为了让学生充分发挥想象力,老师没有对开发相同软件的小组进行集体授课,而是以各组单独引导为主。下面是一段教师引导学生设计算法的对话,内容是关于如何实现线段选择并判断正误的。

学生：我们想通过点击线段,并进行颜色判断。

老师：那么两根线段做成不一样的颜色呢？这样是否会对答题者有提示作用？

学生：可以都做成黑色,但有细微差别,人眼难以分辨。

老师：这样可以,不过颜色判断只能在角色之间进行,不能在鼠标与角色之间进行,如何解决?

学生:我们可以创建一个很小的角色始终跟随着鼠标。

这其实是一个超出老师预设的算法设计,如果老师根据自己的预设直接否定学生的初步想法,那可能就抹杀了一个非常优秀的算法设计。

此外,由于学生是一边学习知识,一边运用技能实施项目,因此有些功能的程序设计会超出他们的能力,老师应该提供支架。例如,"简谱视唱入门练习"的"音频播放"功能的实现超出了大多数学生的能力,因此老师介绍了扩展模块中的"音乐"模块。

就这样,每位学生选择伪代码、流程图、图形化编程等形式设计核心程序,软件工程师对本组设计的核心程序进行整理,再以小组为单位商议哪种设计更为合理高效。

子问题3:如何形成软件初稿?

软件制作是对前期需求分析和程序设计的实现。学生不会使用专业软件,那么如何制作软件界面呢?学生们各抒己见,例如使用图形化编程软件绘制界面、使用PPT制作界面、在网上搜索合适的界面素材等。老师表示不用局限于某一种方法,可以根据制作需求交叉使用。以美术学科的"名画流派猜猜猜"为例,学生们交叉使用了多种方法,制作了软件界面(图6-3)。

图6-3 "名画流派猜猜猜"软件界面

在程序编写部分,学生通过组合不同编程积木来实现程序设计。有不少学生在这个过程中遇到了问题,这往往是由于原有算法并未考虑周全。

例如，某个开发"简谱视唱入门练习"软件的小组遇到了这样的问题，简谱的范围是低音 so 到高音 so，共 15 个音，他们设计的程序是，当卡片被点击时，会切换到这 15 个音中的某一个。这样的程序设计并不完善，还需要小组成员通过讨论来解决。

学生1：因为有15个音，所以我想做15个卡片角色，然后通过广播来互相切换。

学生2：15个角色好像有点多，而且还需要加入变量，很容易出错。有没有更好的办法？

老师：我们除了可以创建不同的角色，还可以给角色上传不同的造型。

学生3：那我们可以为1个角色创建16个造型，包括15个音和卡片的背面造型。

学生4：再将随机数与造型编号对应起来，实现随机抽取的效果。

通过在实际制作软件的过程中及时调整算法，该小组成功解决了问题。经过界面制作和程序编写，各组的软件作品初步形成。

子问题4：如何修改完善软件？

软件制作完毕就可以交付给用户使用了吗？学生们认为软件还可能存在问题，可以请其他同学或老师试用。老师指出软件作品的形成不是一蹴而就的，需要反复调试完善，我们平时看到软件的不同版本号，就是反复纠错后迭代版本的结果。此时，他们人人都是调试员，每位学生需要调试本组软件并记录调试中发现的问题，评估算法，及时纠错。

在调试完善的过程中，学生也可以对本组软件添加版本号，保留不同版本的原始程序并记录版本之间的区别（表6-5），从而备份不同版本中的功能模块，也便于后期对比算法。

表6-5 小组软件迭代说明

版本	功能和问题
1.0	问题：无返回、重置按钮，无音频，无流派介绍
1.1	新增流派介绍与重置按键
1.2.1	新增按键点击声音和流派介绍音频（AI） 将"重置"按钮改为"返回首页"

续表

版本	功能和问题
1.2.2	将流派介绍音频改为人声 问题：自动播放，无法选择，切换下一页时依旧播放且循环播放
1.3	修复了之前发现的问题，并可以在流派介绍页点击播放 新增左键，点击后可切换至原来画作

学生调试中的许多漏洞可以通过添加变量来解决。例如，有一组发现本应只能选中一根线段的题目却可以同时选中两根。面对这个问题，他们通过赋值给某一变量来分别表示两根线段的选中行为，从而达到区分选择的目的。

（三）出项

在出项活动中，各班制作相同学科软件的小组聚集到一起，举行了三场学科软件发布会。学生在发布会上展示了软件作品，以及实现软件创作的心路历程。

每一款软件都实现了解决课堂教学中的实际问题，提高了老师们的教学效率，这也是对驱动性问题的解答。"名画流派猜猜猜"（图6-3）为美术老师的名画流派分类活动提供了随机性，学生自己的配音和按钮音效为活动增加了趣味性，这些都是用PPT制作很难实现的。"简谱视唱入门练习"（图6-4）可以提高音乐老师的简谱教学效率，无论是高低音的显示、多个音符连唱，还是小喇叭点唱功

图6-4 "简谱视唱入门练习"软件界面

能,都是原来老师用手指表示或者实体卡片工具很难做到的。"横竖长短错觉测试"(图6-5)提高了心理测试活动的用户体验,一些小组制作的线段旋转动画可以更直观地比较两根线段的长短。

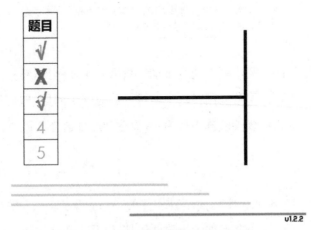

图6-5 "横竖长短错觉测试"软件界面

各组同学不仅展示了自己的软件作品,还解释了其中的一些关键功能是如何实现的,这也体现了学生对于计算思维的运用。我们以"横竖长短错觉测试"的"线段选择"功能为例,他们分别介绍了自己是如何实现该功能的(表6-6),并从"软件发布会评价标准"(表6-7)中的"交互体验"和"编程实现"两个维度进行互评。从中可以看出,有些小组的方法符合交互逻辑,但需要添加大量的角色和代码,工作量较大。有些小组的方法成功减少了工作量,但在交互体验上做出了妥协。当然,也有小组用较少的工作量实现了优秀的交互体验。每组解决问题的思路各不相同,正因为他们都经历了思考,所以才更能在交流展示中互相启发。

表6-6 "线段选择"功能实现方法

小组	实现方法	交互体验 (1—3分)	编程实现 (1—3分)
第一组	"直接点击线段角色"进行选择	3分	2分
第二组	点击线段以选中,点击确定作出选择	3分	2分
第三组	"点击按钮"进行选择	2分	3分

续 表

小组	实现方法	交互体验（1—3分）	编程实现（1—3分）
第四组	"将线段拖入框内"进行选择	2分	3分
第五组	"在答题框内输入答案"进行选择	2分	3分
第六组	用一个跟随鼠标的角色接触颜色极为接近的横线和竖线进行选择	3分	3分

学生展示过后,老师点评了各组作品,以心理学科软件为例,第四、五、六组都实现了用户的全部需求,其中第六组的"答题功能"体验更好,第五组的"回看功能"体验更好;第一、二、三组有部分用户需求未能实现,但仍有一些闪光点,例如第二组的"选中功能"和第三组的"倒计时功能"。老师还表示,无论是否成功实现了用户需求,各组同学都在团队合作中收获了用计算思维实现软件开发的基本方法,请同学们总结经验,在今后的学习生活中弥补不足。

各款软件的用户老师们也来到了现场。有老师表示自己刚开始对学生能否实现软件制作是存疑的,到后来对学生完成的作品表示佩服,称赞了学生们的软件制作能力。老师们纷纷表示这些作品解决了他们课堂上的真实问题,将来一定会在课堂上使用这些软件。此外,各位老师还从自身的专业出发,对软件作品的细节提出完善要求。例如,美术老师对软件界面的配色提出想法;音乐老师请个别小组再确认一下某些音准是否存在问题;心理老师表示还可以通过增加题量来提高测试的准确性。

知道自己的软件作品将被老师们使用,学生们也很有成就感,并表示愿意按照要求对软件做进一步完善。

学校还邀请了软件公司代表点评学生的软件作品。软件公司代表从评审者的角度肯定了各组的成果,并告诉学生,一款软件最重要的是功能实现和安全性。在此基础上,各组还可以在用户体验上更上一层楼,增强用户黏性。例如,一些制作心理学科软件的小组可以给用户一些正反馈,让用户愿意反复使用该软件来提高测试成绩。

通过此项活动,各组同学收获了来自老师和专家的认可,也看到了自身的不足和将来努力的方向。这些宝贵的经验将帮助他们完成更优秀的软件作品。

(四) 项目反思

在本项目中,反思贯穿全程,学生在反思中调整项目、总结经验,以期达到更好的结果。

反思可以帮助学生发现问题,及时调整,从而产生一个更好的结果。

例如,某班开展中期评审活动时,其他五组都完成了展示,但还有一个小组迟迟不肯上台展示,原来他们的展示 PPT 还没有完成。老师表示,即便没有 PPT 也可以说一下自己本阶段做了什么,虽然本次中期评审可能因为没有 PPT "失败"了,但如果能从中找出问题并解决问题,那在最终的软件发布会上将有机会取得"成功"。随后,该组的组长站了出来,表示自己没有和组员做好沟通,组内分工不明确,做事也比较拖拉。该小组将反思付诸行动,在中期评审会后努力追赶,并最终实现逆袭,软件成果优于其他半数小组。

在项目开展的过程中,偶尔会出现上述情况,有些小组会觉得某个环节不重要,没有认真准备。但当他们看到班级里其他小组呈现出优秀的作品或展示时,他们会意识到同伴们都很认真,并且做得很好,从而反思自身的不足。

反思可以帮助学生将经历转化为经验,从而在将来的学习和生活中做得更出色。

例如,很多小组在刚听到要做一款软件时,觉得很难。大多数学生几乎没学过编程,根本不知道从何入手。其中有一组同学认为制作软件这个环节一定很困难,需要一个月甚至更长时间,但在老师的鼓励下,他们利用三个中午的时间就完成了软件初稿,在反思中他们谈到,做事情不仅要制定计划,还要付诸行动,软件制作其实没有想得那么难。

再比如,有些小组发现自己做的功能和其他小组不太一样,还有些小组在制作过程中,因为某个功能意见不一致有过争执。究其原因,还是沟通不到位造成的。有小组在反思中谈到,他们在项目中体会到沟通的重要性,无论是组内沟通,还是与用户沟通,有效沟通可以确保信息一致,从而保证开发效率和软件功能准确无误。

在项目化学习中,任务的挑战性会让学生们感到兴奋,也有可能会在开展过程中让学生感到困惑、艰辛、痛苦。但正是因为学生们经历了这些坎坷,才会更珍惜自己的收获。这种收获不仅是创作软件的成就感,更是他们一路走来的经验反思。

四、项目评价

为了帮助学生们借鉴他人的经验、直面自己的问题,从而更好地达成学习目标,本项目采用学生自评和同伴互评结合为主,教师评价为辅的方式,通过中期评审会和软件发布会对学生的学习实践和项目成果进行评价。

(一)在中期评审会中评价学习实践

完成需求分析和程序设计后,软件开发将进入后半阶段,此时可以参考软件公司的评审活动,开展本项目的中期评审会。这样既可以确保前期工作无误,从而保障后期工作顺利开展,又可以通过组间对比,评估各组算法的优势和劣势。为此我们设计了评价标准(表6-7)。为了做到评价先行,老师应该在项目初期下发评价标准。

表6-7 中期评审会评价标准

序号	项目	表现标准	分值
1	小组分工	每位组员都有具体分工,并且每个环节(需求分析、程序设计)全员参与。	3分
		每位组员都有具体分工,个别组员并没有参与某些环节。	2分
		每位组员都有分工,只有个别核心成员参与了每个环节。	1分
2	用户沟通	主动与任课老师沟通两次或以上,沟通准备充分,不浪费老师时间。能根据老师需求进行需求分析,并反复确认需求。	3分
		主动与任课老师沟通两次或以上,沟通表述较清晰。能根据老师需求进行需求分析,并反复确认需求。	2分
		与任课老师沟通不够充分,一些需求并未明确。	1分
3	需求分析	通过总体介绍、界面描述、程序初始化、输入输出四部分内容,有条理地对教师需求进行准确描述。描述体现软件交互。	3分
		通过总体介绍、界面描述、程序初始化、输入输出四部分内容,有条理地对教师需求进行准确描述。	2分
		对教师的需求进行了描述。	1分
4	界面设计	版面布局合理,排版美观,能够满足软件需求,且绘制清晰。	3分
		版面布局合理,能够满足软件需求。	2分
		界面设计有缺陷,不能满足全部软件需求。	1分

续表

序号	项目	表现标准	分值
5	程序设计	问题分解合理,能使用伪代码或流程图对核心程序进行设计,并且巧妙地满足了用户需求。	5分
		问题分解较合理,能使用伪代码或流程图对核心程序进行设计。	3分
		问题分解不准确,未能通过程序设计解决核心问题。	1分
6	演讲展示	演示文稿清晰,能利用文字、图画、照片等元素,对项目开展情况进行展示,语言表达流畅,并体现小组合作。	3分
		演示文稿清晰,能利用文字、图画、照片等元素,对项目开展情况进行展示。	2分
		能通过语言文字对项目开展情况进行展示。	1分
		满分	20分

(二) 在软件发布会中评价项目成果

软件发布会,即出项活动,我们可以请各班开发相同学科软件的小组聚集到一起。学生们应当参照评价标准(表6-8),展示自己的软件作品和核心程序设计,以及面对一些问题是如何解决的。与中期评审会不同,软件发布会更侧重于评价项目成果,也更能反映学生计算思维的运用情况。

表6-8 软件发布会评价标准

序号	项目	表现标准	分值
1	功能实现	能满足用户提出的功能需求,并加入用户满意的额外功能。	3分
		能满足用户提出的功能需求。	2分
		能满足用户提出的大部分功能需求。	1分
2	交互体验	对于新用户十分友好,交互符合逻辑,容易上手。	3分
		对于新用户较为友好,通过阅读操作说明,可以完成操作。	2分
		对于新用户需要花较长时间去摸索软件操作逻辑。	1分
3	界面制作	版面布局合理,排版美观,界面精致,能够满足软件需求。	3分
		版面布局合理,能够满足软件需求。	2分
		界面制作有缺陷,不能满足全部软件需求。	1分
4	编程实现	能够通过编程,巧妙地实现软件全部功能需求,代码简单高效。	3分
		能够通过编程,实现软件全部功能需求,但冗余代码较多。	2分
		能够通过编程,实现软件大部分功能需求。	1分

续 表

序号	项目	表现标准	分值
5	调试纠错	通过调试发现了bug,并已全部解决。	3分
		通过调试发现并解决了部分bug,但仍然存在1处bug。	2分
		软件仍然存在2处或以上bug。	1分
6	使用说明	使用说明图文并茂,清晰表述了软件的使用方法。	3分
		使用说明以文字为主,清晰表述了软件的使用方法。	2分
		软件使用方法表述不够清晰。	1分
7	小组分工	每位组员都有具体分工,并且每个环节(软件制作、调试)全员参与。	3分
		每位组员都有具体分工,个别组员并没有参与某些环节。	2分
		每位组员都有分工,只有个别核心成员参与了每个环节。	1分
8	演讲展示	演示文稿清晰,能利用文字、图画、照片等元素,对项目开展情况进行展示,语言表达流畅,并体现小组合作。	3分
		演示文稿清晰,能利用文字、图画、照片等元素,对项目开展情况进行展示。	2分
		能通过语言文字对项目开展情况进行展示。	1分
		满分	24分

从展示结果来看,各组都运用计算思维能力解决了各个子问题,实现了软件作品创见。并且他们能够融入项目情境,作为软件开发团队的一分子各司其职,在不断探究中推进项目。

五、关键问题探讨

本次项目的关键问题解决都伴随计算思维运用,较好地解决了学生不能很好地将图形化编程技术应用于生活的问题,呼应了本质问题。在传统课堂上,学生们提交的作业往往大同小异,而在本次项目化学习中,学生们提交的作品从外观到内在都有着独特的个性。这说明学生们并不是在机械地模仿老师的操作,而是运用自己的计算思维来实现作品的创作。在之后一个学期,老师也鼓励一些学生去参加市区级的软件开发类比赛,并且获得了不俗的成绩,这是以往不曾有过的。

经过一轮项目化学习设计与实施,我们认为在信息技术学科内开展项目化学习可以以单元教学为载体,根据学科核心素养和单元教学要求设计本质问题,再根据学生兴趣和学校所能提供的真实环境和问题,将本质问题转化为驱动性问题实施项目化学习,最终的实施结果能回应本质问题(图6-6)。

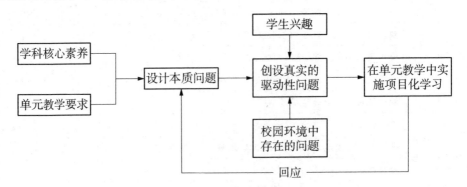

图6-6 单元教学中的项目化学习创设路径

而对于以计算思维培育为核心的项目化学习,则可以通过融合了计算思维的实施路径来开展(图6-7)。

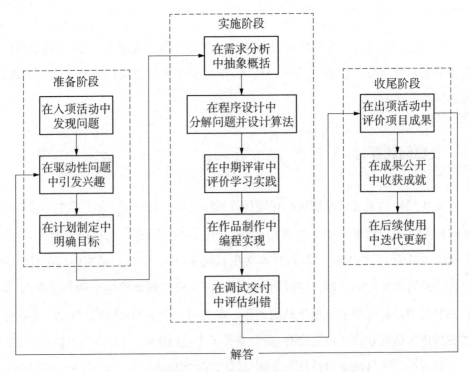

图6-7 以计算思维培育为核心的项目化学习实施路径

例如，我们想在某项以"校园智能场景搭建"为主题的项目中培育学生的计算思维，我们可以结合校园环境，引导学生发现校园内存在大量可改进的非智能场景，引出驱动性问题"如何以智能场景搭建为载体为校园添智慧"。接着，引导学生明确需求，以符合交互逻辑的语言描述功能，并绘制外形结构图；分解问题，设计核心程序算法；动手搭建外形，并编写程序；在具体场景中试用，并反复调试。最后，在出项活动中展示作品，说明作品是如何为校园添智慧的，从而解答驱动性问题。

此外，将来可以尝试开展"我为老师做软件"科技节活动，经历过本次项目化学习的同学协助任课老师进行软件需求开发，根据已有经验判断能否将课堂中的问题转化为软件开发问题，从而进一步调用计算思维。

第三部分

跨学科项目导读：如何设计与实施跨学科项目化学习[①]

社会的发展使人类所面临的问题日益复杂。有人借用军事术语"乌卡"(VUCA)来描述现代社会所具有的易变性(Volatility)、不确定性(Uncertainty)、复杂性(Complexity)和模糊性(Ambiguity)等特征。面对这样一个变动不居的时代，任何一个重大问题都不可能以某一学科知识来解决，换句话说，现代社会所需的人才不再是传统意义上的"专才"，人才培养开始向跨学科方向迈进，仅仅依靠单一学科的学习已经越来越难以满足学生学习成长的需求。跨学科项目化学习在一定程度上打破了学科与学科之间的界限，破除了学科知识孤立化、碎片化的弊端，同时也打破了传统分科教学"去生活化"的藩篱，使得学习回归儿童生活，让学习融入真实的生活中来。但由于长期以来形成的单一学科教学的观念和行为根深蒂固，跨学科项目化学习在实践中还存在着诸多挑战和亟待解决的问题。对于这样一种学与教的设计，教师需要了解：什么才是真正的跨学科项目化学习？跨学科项目化学习中的项目该如何设计才能实现"跨"的最终目标？不同学科在同一项目中"跨"的是什么？实施过程中该如何保证跨学科项目化学习"跨"起来？又该如何评价"跨"的目标是否真正实现？结合相关理论研究与实践经验，本部分力图从实践者的角度回答这些问题，以期为学校和教师等实践者在思考如何开展跨学科项目化学习时提供些许帮助。

一、什么是真正的跨学科项目化学习

要理解什么是跨学科项目化学习，关键是需要理清楚什么是真正的跨学科。

[①] 本部分作者为崔春华。

当前,基于真实问题解决,以整合不同学科内容为载体,以实践、体验、探究等为主要方式的学习在实践中越来越受到关注和重视。根据学科间的整合程度,学科整合主要表现出三种形态,包括多学科(Multidiscipline)、跨学科(Interdiscipline)以及超学科(Transdiscipline)。这三种学科整合形态有一个非常显而易见的共同点:都涉及两门及两门以上学科。正是这个显而易见的共同点,导致实践中有不少人将三者混为一谈。例如,有人将以学科为中心,教师围绕某一主题组织学生开展两门及以上学科的学习视作跨学科学习,这实际上是把多学科学习与跨学科学习相混淆了。那么如何辨别三者之间的差异?什么才是真正的跨学科?对此,一张来自《跨学科研究导论》(Menken & Keestra, A'dam Uni Press, 2016)的图表可以非常形象而又清晰地说明(图1)。①

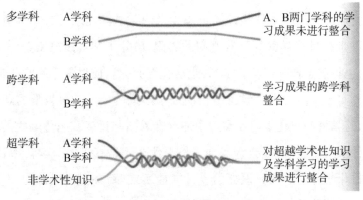

图1 多学科、跨学科和超学科示意图

如图1所示,多学科是指仅仅将不同学科并置在一起,既不对学科知识和方法进行整合,更不强调其结果的整合,不同学科在针对共同关心的某个问题时仍然保留其自身的独立性,各说各话;跨学科是指在学科知识、方法以及结果等方面都对不同学科进行了整合,不同学科在针对共同关心的某个问题时有意识地进行协作,聚力攻关;超学科是指在整合不同学科知识和方法的同时,还将学界外利益相关者的见解相结合,在针对共同关心的某个问题时除了依靠学科视野,还强调

---

① Machiel Keestra. What is difference between terms of multidisciplinary, transdisciplinary and cross disciplinary approaches? [M]. Amsterdam: A'dam Uni Press, 2016.

结合学界以外不同职业和社会领域的见解。

目前,超学科因其关注的问题较为宏大和复杂而在中小学实践中鲜有提及,人们更关注的是多学科和跨学科学习。有研究者用"果盘"和"混合果汁"形象地阐明了多学科与跨学科之间的本质区别:多学科像是装满了各种水果的"果盘",每种水果代表一门学科,它们彼此紧紧相邻。所用水果的数量和盘里每样水果的比例或许只是为了好看。而跨学科像是经过了精心调配的"混合果汁",每种水果的特有风味不再能被辨别,取而代之的是混合果汁的可口感受。并进一步以"混合果汁"的比喻阐明了跨学科的四大基本特征:①

- 选取水果(即学科及其见解)并非随意为之,而是以明确考虑的最终结果为目的。
- 水果的混合(即整合进程)改变了每种水果(即学科见解)的成分。
- 混合果汁(即整合结果)与所用配料相比,是某种新东西。
- 制造混合果汁所包含的活动(即跨学科研究进程)在时空上受到研究课题的制约。

显然,多学科学习是指学生从不同学科的视野利用多学科的知识和方法探究某个问题,但并不意味着消除不同学科的见解,不同学科的学习依然保持独立;跨学科学习是指学生分析、综合和协调不同学科,使之成为一个协调一致的整体来探究某个问题,并不偏向特定学科的方法或理论。简而言之,多学科仍然强调不同的学科思维解决问题,而跨学科则更加强调以系统的、整合的思维解决问题。

在了解了真正的跨学科的基础上,我们就可以更好地理解什么是跨学科项目化学习了。在跨学科项目化学习的设计与实施过程中,教师需要打破学科边界壁垒,对不同学科的学习内容进行重新整合,将不同学科的知识技能进行有意义的关联,使学生通过真实问题的探究与解决获得整体的理解。因此,跨学科项目化学习是指基于两门或两门以上学科的核心概念与能力,或者基于一套超学科的概念体系的共同作用来促进对世界的深度理解。学生汇聚两门及两门以上学

---

① [美]艾伦·雷普克.如何进行跨学科研究[M].傅存良,译.北京:北京大学出版社,2016:18.

科的概念来解释现象、解决问题、创造作品,从而产生新的理解,创造出新的意义。①

二、跨学科项目化学习应该如何"跨"

跨学科项目化学习强调学生围绕来自真实情境中的、复杂的开放性问题自主开展较长时间的探究,最终建构起对知识的理解并提高自身的必备品格和关键能力。但是,现实中并非所有的问题都适合开展跨学科项目化学习,因此提出一个需要整合两门或两门以上学科的核心概念与能力才能解决的问题是跨学科项目设计的第一步。这类问题往往有很多变量,是错综复杂的,因此这类问题的解决到底涉及哪些学科,需要进行识别,这是跨学科项目设计的第二步。如前所述,跨学科不是多学科,跨学科需要对不同学科的知识和方法等进行整合,这是跨学科项目设计的第三步。

(一) 跨学科项目化学习的问题如何设计?

教育的中心问题是让知识保持鲜活,避免知识的惰性化,为此,教育的主题即多姿多彩的生活。② 因此,跨学科项目化学习要建立在真实生活问题探究的基础之上,要求将跨学科的核心概念与真实生活情境联系起来。真实的跨学科项目化学习接近于"现实世界"情境的学习,以真实的驱动性问题诱发真实的学习过程,在真实的学习评价中产生真实的成果。这就需要教师将抽象的和概念化的本质问题转化为真实情境中具体的驱动性问题,让学习变得更加真实自然,以此激发学生的内部动力,从而驱动学生积极主动、全身心地投入到项目化学习活动中。

问题的设计在很大程度上影响了跨学科项目化学习的实际效果。在进行跨学科项目化学习问题设计时,应考虑问题设计的内容以及表述形式。一方面,跨学科问题设计的内容应该至少满足两条标准:一是问题的复杂性,也就是说问题

---

① 夏雪梅.项目化学习设计:学习素养视角下的国际与本土实践[M].北京:教育科学出版社,2018:187.
② [英]怀特海.教育的目的[M].庄莲平,王立中,译注.上海:文汇出版社,2012:11.

需蕴含多个学科的知识,映射不同学科的核心概念;二是问题的现实性,问题设计要致力于现实问题的解决,强调实用性。另一方面,跨学科问题的表述应当遵循三条基本原则:清晰化、具体化、情境化。"清晰化"是指问题的表述应该准确且清晰;"具体化"要求问题的表述应该适当聚焦,便于教师进行把握和掌控;"情境化"要求问题的表述在具体的背景下提出,让学生置身于相关的语境中,以促使学生对问题产生浓厚的学习兴趣。以"玩具再生"项目为例,该项目以"理解资源再生对可持续发展的意义"为核心概念,让学生通过访谈和调查发现生活中对于材料的各种"困扰"并聚焦闲置玩具处理的真实生活情境,同时让学生通过扮演"玩具工程师"的角色,解决"如何让闲置玩具重新发挥它的价值"的问题,为身边的小伙伴维修、改造一款儿时的玩具。

(二) 问题解决所涉及的学科如何识别?

真实的驱动性问题具有复杂性和开放性特征。学生通过综合运用有关不同学科或领域的核心知识与技能,基于驱动性问题的解决进行探究性学习,建构对知识的理解,并最终实现知识的跨情境迁移。那么一个项目到底应该"跨"哪些学科呢?首先需要明确的是,跨学科不是不同学科教师之间进行随机组合,跨学科项目问题的解决关键并非此学科和彼学科教师相匹配的关系,而是要识别出问题解决涉及的学科重难点。同时,实践中不少教师在做跨学科项目化学习设计时,恨不得把所有看似与问题解决有关的学科都拉进来,以体现本项目"跨"度之大,这实际上依然是没有真正理解跨学科到底该怎么"跨"。

对于跨学科项目问题所涉及学科的识别关键在于区分"潜在相关学科"与"最相关学科"。①"潜在相关学科"与所设计的问题之间没有直接的、明显的关联;"最相关学科"与问题之间有着直接且密切的关系,而且这些学科所提供的关于问题的信息对于形成学生的全面认识而言是不可或缺的。跨学科项目问题的解决需要识别最相关学科,而非潜在相关学科。就实践操作层面而言,运用系统性思维对问题进行分解,有助于识别最相关学科。分解的方式能够帮助教师快速定位最

---

① [美]艾伦·雷普克.如何进行跨学科研究[M].傅存良,译.北京:北京大学出版社,2018:187.

相关学科,并识别一些会被忽视的其他相关学科。通过将问题分解为不同的子问题,可以清晰地看见不同子问题反映的各学科的关键概念,然后从中寻找结合点,这样就能够将特定学科与问题解决关联起来。仍以"玩具再生"项目为例,该项目以科学学科为主学科,融合了道德与法治、美术、劳动技术等学科的学科素养。这些学科在学生为小伙伴改造或修缮儿时玩具的过程中为问题的解决都提供了必要的知识和技能,是问题解决的"最相关学科"。尽管学生在出项环节介绍改造成果时,需要借助语文学科中有关如何介绍事物的核心知识,但这一核心知识实际上在小学阶段已基本完成学习,在本项目中仅仅是一种常用的语言工具,与问题解决并无直接的、明显的关联,因此是问题解决的"潜在相关学科"。

(三) 问题解决所涉及的学科如何整合?

一直以来,我国的基础型课程设置较为强调单一学科的独立性,同一学科不同学段以及同一学段不同学科都有着较为清晰的边界。可以说,分科教学让学生的学习更为精准、有效,但同时也使得学科之间的整合变得非常困难。在新时代五育融合理念的倡导和指引下,知识融通整合已成为一种趋势。作为一种新的学习方式、一种课程模式,跨学科项目意味着对传统的分科课程进行统整。真正意义上的跨学科项目化学习绝非机械式的学科拼盘过程或是浮于表面的学科实践活动,而是发现各学科之间的内部关联,让学生通过真实而有意义的问题探讨,用类似于真实的专家解决问题的方式,即"将知识带离分科的间隔,而让知识置于情境脉络中,以便使年轻人更易接近和更易感受到它的意义"[①]。因此,如何基于学科,打破学科边界,探寻学科间的知识关联,最终实现学科整合?

跨学科整合本质上就是课程统整。课程统整是一种课程设计,乃是在不受制于学科界限的情况下,由教育者和年轻人合作认定重要的问题和议题,进而围绕着这些主题来形成课程组织,以增强人和社会统整的可能性。[②] 课程统整可以有多种取向。例如,比恩(Beane)提出了课程统整的三个向度:经验统整、社会统整

---

① [美]James A. Beane. 课程统整[M]. 单文经,等,译. 上海:华东师范大学出版社,2003:12.
② [美]James A. Beane. 课程统整[M]. 单文经,等,译. 上海:华东师范大学出版社,2003:3.

以及知识统整。① 国内也有研究者基于 STEM 教育的课程组织方式,提出了跨学科的整合三个基本取向,包括学科知识整合取向、生活经验整合取向以及学习者中心整合取向。② 这些研究为学科整合采取何种模式提供了重要的参考。但当统整深入到具体学科内容时,不同学科到底从哪些方面进行统整,即跨学科哪些内容?

从实践来看,常见的跨学科有三种类型:跨学科知识、跨学科能力以及跨学科知识与学科能力。跨学科知识是指一个项目涉及不同学科的核心知识。学科知识的"跨"要求基于课程标准,对不同学科的核心知识点进行梳理,形成不同学科的知识图谱,在此基础上提炼学科核心知识的上位概念,寻找不同学科知识之间的内在结合点。跨学科能力是指一个项目涉及不同学科的核心能力。实践中有些项目实际上并不涉及具体的学科知识,但从课程标准来看,这些项目涉及不同学科的具体能力,或者比学科知识更上位的学科核心素养。跨学科知识与学科能力是指一个项目涉及某一学科知识,同时又涉及另一学科能力。实践中有些项目问题的解决需要基于某一学科的核心知识,同时又需要借助另一学科的核心能力。值得注意的是,跨学科的三种类型并非机械的,教师在项目设计时可根据问题解决的实际需求进行跨学科的整合设计。例如,"玩具再生"项目中如何改造或修缮玩具这一问题的解决,既需要学生学习有关学科的核心知识,如"了解生活中常见金属、塑料和复合材料等的特性,推断其用途"等,也需要学生掌握有关学科的核心能力,如"能采用各种材料和制作方法,进行创意设计和工艺制作"等;"会说话的毕业赠礼"项目中如何定制校园毕业赠礼这一问题的解决,涉及"掌握程序结构"等学科核心知识,也涉及"掌握并能够绘制程序流程图"等学科核心能力;"生态连廊里的乾坤"项目中如何完成连廊生态景观设计这一问题的解决,分别涉及"理解地图的三要素、气候的要素、气候与生物的关系"等学科核心知识与"数据采集、实地调查、归纳地理特征的能力"等学科核心能力。

---

① [美]James A. Beane. 课程统整[M]. 单文经,等,译. 上海:华东师范大学出版社,2003:9—11.
② 余胜泉,胡翔. STEM 教育理念与跨学科整合模式[J]. 开放教育研究,2015(4):13—22.

三、如何保证跨学科项目化学习"跨"起来

在跨学科项目化学习实践中,有部分教师把跨学科项目理解为通过组织不同活动让学生"做项目",往往关注项目成果而忽略了"学习",尤其是不同学科的学习,项目探究过程变成各种活动的拼盘;也有部分教师把跨学科项目的学习过程理解为不同教师分别开展学科教学再让学生将所学运用于问题解决,而忽略了学生在探究过程中学习自然而然的生发。这些理解上的问题导致在跨学科项目化学习实施过程中,有时候既看不到"跨学科",也看不到真实的"学习"。那么,在跨学科项目化学习的实施过程中,如何保证"跨"起来呢?

(一)从"去学科化"到"基于学科"

跨学科项目化学习将项目化学习的系统设计思维运用于跨学科教学之中,以学科核心知识作为主要学习内容,以探究性的实践活动贯穿整个学习过程,这并不是要削弱学科教学,或者说"去学科",而是要基于学科。可以说,学科是跨学科项目化学习的基础。因此,跨学科项目化学习也要考虑不同学科的课程标准,同时打破学科之间的壁垒,整合不同学科的知识和方法,建立各学科之间的有机联系,以系统的思维解决真实问题。在进行跨学科项目设计时,教师需要设计多维度的学习实践,以课程标准和不同学科内容为基础,在学科与学科间、学科与生活间探寻关联,把握关键概念,自上而下地构建跨学科知识脉络;在进行跨学科项目实施时,学生则围绕驱动性问题和任务,整合多个学科的概念、思想、方法、能力等,主动建构自身认知体系,创造性地解决新问题并形成公开成果。以"会说话的毕业赠礼"项目为例,学生在解决"如何为校园定制一份有声、美观且能改善校园的毕业赠礼"这一问题时,并不是为了做产品而做产品,而是在综合运用美术、劳动技术和信息技术等学科核心知识与能力的基础上,运用设计思维为学校定制有意义、有帮助的毕业礼物。

(二)从"学以致用"到"以用促学"

将知识内化至学生自身的认知体系是教学工作永恒的主题。《荀子·儒效》

有云:"不闻不若闻之,闻之不若见之,见之不若知之,知之不若行之。学至于行之而止矣。"蒙台梭利也说过:"我看过了,我忘记了;我听过,我记住了;我做过了,我理解了。"由此观之,学习是一种有目的地获取知识或理解事物的思维过程,不经大脑深层加工从而形成自己思维产品的学习不属于真正的深度学习。直接传授式教学主要以教师讲授学生被动接受和机械操练为主,学生识记了大量零散的琐碎知识,但往往很难灵活地运用这些知识解决真实问题。近些年来,尽管不少教师在教学过程中也十分强调"学以致用",在学生完成知识和技能的学习后,教师也经常创设情境让学生将所学运用其中,但学生的学习仅仅指向"惰性知识"的掌握或是局部的碎片式应用,学生对知识的理解和迁移依然难以真实发生,导致学生学习的主体性和积极性逐渐丧失。面对未来社会的挑战,课堂教学需要在培养学生基础知识和基本技能的过程中,激发学生认知冲突,促进学生主动学习,促进学生高阶思维发展和复杂问题解决能力提升。"纸上得来终觉浅,绝知此事要躬行。"跨学科项目化学习过程中,最重要的是学生在复杂问题解决的过程中主动地理解和建构知识,实践"做中学""用中学"以及"悟中学"。对教师而言跨学科项目是"以用促学"。学生在跨学科项目化学习过程中,扮演学习者或者复杂问题解决者等多重角色;认知活动、实践体验以及行动创造并行,使学生认识到学习与自己当下的生活和所处的社会密切相关,发现学习的意义和价值,让学习和迁移真实发生。"生态连廊里的乾坤"项目涉及科学、地理以及生命科学等多个学科的核心知识,但在项目探究过程中,教师并没有提前教会学生这些具体的知识,而是通过搭建学习支架,帮助学生克服学习困难、跨越学习障碍,从而有意义地建构学科知识体系,有效掌握技能。

(三) 从"分科教学"到"协同教学"

分科教学有着悠久的历史,传统意义上的分科教学倾向于以知识为中心来设计学习,强调学科结构的完整性和系统性。分科教学具有系统性、逻辑性、独立性与简约性等突出的特点,有助于使学生获得系统的科学文化知识,同时也有利于教师发挥主导作用。但过细的分科教学模式在学科之间架起壁垒,使得教师和学生都很少考虑学科之间的横向联系,其结果必然是禁锢和封闭了思维的发展。跨学科项目化学习的推进必然要调整传统的分科教学模式,使之摆脱分科教学的弊端和桎梏,突破学科边界,实施协同教学。协同教学是一种新的教学模式,指的是不同学科的教师在自己任教的教材中找到互相关联的学习内容,并在课堂教学中采取小组合作等形式进行学习。① 协同教学并非可被简单理解为两位或多位教师轮流授课,它更加注重明确的分工和密切的合作。PBL 取得成功需要时间——持续的专业学习和打造一个有凝聚力的集体……对于许多教师来说,转向 PBL 不仅需要学习新的教学策略,也要学习与同事甚至专家及其他社区成员协作的模式。② 因此,在跨学科项目化学习实践过程中应用协同教学时需注意:一是跨学科项目的研发与实施,要发挥团队合作优势和教师群体智慧;二是从拟订教学计划、设计教学方案,到开展教学活动及教学评价等工作,相关学科教师共同参与;三是要增强教师与其他群体如家长、相关专业人员等之间的互动与交流,实现协同育人;四是学校要提供包括校本研修制度在内的制度保障,让教师的自觉行为转变为学校组织行为。在"会说话的毕业赠礼"项目中,从项目的设计到实施,都有不同学科教师共同参与探讨。该项目的主要设计者和实施者是一位美术教师,但该项目的教学目标以及最后的预期成果,都有信息技术教师的参与,以衡量项目的可实施性及软件、硬件的技术边界,使得这个项目变得更加可操控且不失创造性。"生态连廊里的乾坤"项目从设计到实施均由生命科学、地理两位教师共同协作。在实施过程中,课时安排按照子任务分工,有的课时是一位教师进入课堂单独辅导,有的课时则是两位教师共同进入课堂综合交流和评价。

四、如何评价跨学科项目化学习中真正的"跨"

实践证明,学生在跨学科项目化学习中能够体验学科间的深度关联与融合,超越割裂的学科知识,在问题情境中实现知识与真实生活的联结,实现项目与知识、能力及素养的联结。因此,评价在跨学科项目化学习时,既要关注不同学科学

---

① [美]肯尼斯·莫尔. 课堂教学技巧[M]. 北京: 人民教育出版社,2010: 15—16.
② [美]约翰·拉尔默. PBL 项目学习黄金标准[M]. 胡静,等,译. 北京: 光明日报出版社,2019: 135,143.

习目标的达成,也要关注学生跨学科能力及素养的评估,从而引导跨学科项目真正地"跨"起来,让教师的教和学生的学、教师的专业素养和学生的综合素养突破单一学科的局限,在与现实世界映射和交互的"元宇宙"中逐渐发展。项目化学习的整个过程是动态的、实践性的、体验性的,有些能力只有在生生互动、师生互动或学生与其他人的互动过程中表现出来,具有间接性、滞后性等特点,是难以评价的"软能力"。相比较而言,学生学科知识掌握情况这种"硬能力"的评价较为便捷,通过一次随堂检测或者单元测试,教师就能很快得到结果反馈,直观、及时、有效。[①] 学校"需要利用评估工具组合,才能对学生取得的成就有一个全局的观点"[②]。因此,跨学科项目化学习的评价方式应该是多元且丰富的。从跨学科项目化学习实践来看,过程性评价和表现性评价应被给予更多关注。

(一) 关注学生探究过程的过程性评价

跨学科项目化学习开展的过程就是不断反思、自我构建和自我发展的真实过程。其最终成果不是评价的唯一内容,而是关注整个项目化学习中的不同阶段。过程性评价不能单纯地理解为只关注学习过程而不关注结果,相反,过程性评价关注学生在项目探究过程中的过程性结果,从而做出及时的反馈与调整。在跨学科项目化学习中运用过程性评价主要有两个方面的重要原因:一是学生在学习过程中可能采取不同的学习方式,这导致学习结果存在差别。过程性评价恰恰关注学生学习过程中的学习方式,通过对不同学习方式产生的结果进行评价,引导学生走向深度学习。二是学生在学习过程中可能出现的非预期结果。过程性评价将关注学生的整个学习经验,肯定学习过程中出现的有价值的学习结果,尽管这些学习结果有可能不在预期目标内,却能增强学生学习的积极性,丰富学生的学习经验。过程性评价包括学生自评、互评,教师评价,专家评价与家长评价,通过各种原始数据、活动记录表、调查表、访谈表等,对学生在跨学科项目化学习实施中的认知、行为、情感等表现进行更真实、更全面的评价。从"玩具再生""会说话

[①] 崔春华. 项目化学习:样态、挑战与学校生态系统构建[J]. 教育视界,2020(9):11.
[②] [美]汤姆·马卡姆. PBL项目学习:项目设计及辅导指南[M]. 董艳,译. 北京:光明日报出版社,2015:110.

的毕业赠礼"以及"生态连廊里的乾坤"的评价设计来看，既有学生学科知识掌握程度的评价，也有对学生项目探究过程中合作等各种能力的评价；既有学生自评，也有小组互评，甚至邀请相关领域专家参与评价。

（二）关注学生高阶能力的表现性评价

服务于培养具有独立选择和决断问题的认知及行为能力的心智自由者这一目的，表现性评价成为一种备受推崇的评价方式。在跨学科项目化学习中应用表现性评价，要求教师立足于学生在问题解决即项目探究不同阶段中的真实表现，评价学生知识与技能的掌握程度、复杂问题解决能力、批判性思维以及社会性技能等多种复杂能力的发展状况。传统的纸笔测试方式往往局限于对学生学习过程中的浅表性知识进行评价，而表现性评价则在对学生的深度学习与高阶认知的评价上更有优势。同时，表现性评价中的表现性任务实际上与跨学科项目化学习中的学习任务融为一体，使得评价成为一种自然学习的过程，而不是额外的或是外在的"监控"。从"玩具再生""会说话的毕业赠礼"以及"生态连廊里的乾坤"三个项目的有关评价设计来看，对学生的评价都是镶嵌于整个项目化学习的过程之中，且多以表现性评价为主要评价方式。这种伴随式的评价，为学生提供了即时的学习反馈，促进了学生的深度学习。

过程性评价和表现性评价，是一个硬币的两面。也就是说，在跨学科项目化学习评价过程中，过程性评价应运用表现性评价这种评价方式，而表现性评价应关注学生学习的全过程。在跨学科项目化学习开始之前，教师就要明晰项目目标即不同学科的核心知识以及跨学科关键能力和素养是什么，并与学生共同协商制定相应的评价量规，这使得学生在一开始就被正向的行为表现和项目成果所指引，并在项目探究过程中严格要求自己进行更深层次的学习。同时，在进行跨学科项目化学习评价时，应通过师生、生生以及其他参与评价的评价主体间共同参与和互动的过程，对学生的学习进程及学习成果进行评价，从而使项目的探究与学习过程得到不断优化。

项目 7：会说话的毕业赠礼

课程类型及课时数	课程类型	年级	课时数
	劳动技术	五年级	6
	信息技术	五年级	3
	美术	五年级	1
所属学校	上海市世外小学		
设计者	金天、曹晶		
实施者	金天		

在国际比较中，中国学生往往被认为基础扎实，但在创造性、问题解决方面表现不足。有鉴于此，在当下这样的教育情景中，不同课程领域中多样的项目形态可让学生拥有真实的问题解决经历，成为积极的行动者，调动自己已有的知识经验、能力基础，创造性地解决真实情景中的问题。

Design Thinking（设计思维）是一种思维模式，最初是指商业领域中用于新产品或服务开发与迭代的流程。Ideo 公司将设计思维定义为用"以人为本的创新方式"来实现创造性问题解决的过程。设计思维一共分为五个步骤：同理心、定义、头脑风暴、原型制作和测试。通过这五个步骤，个体以"人的需求"为中心，通过团队合作解决问题，获得创新。从过程和目标来看，设计思维和项目化学习其实非常相似，如果将其与"高质量项目化学习框架"（HQPBL）进行对照，设计思维完全符合"HQPBL"的六个标准——智力、挑战与成就、真实性、公共成果、合作、项目管理和反思。二者的共同点在于：都致力于培养 21 世纪成功素养，以真实的评估为特征，并且需要持续探究。因此，跨学科项目就很适合将设计思维融入其中，学生在掌握了多方面的知识后，借用"设计思维"的流程和模式，去创造性地解决问题。

一、为什么做这个项目

五年级的学生在学校的很多拓展型课程的学习过程中,已经对各学科、各领域有了一定的知识储备,在此基础上,学生更需要的不是对某一学科的知识研究和探索,而是一种思维模式的培养。所以我结合五年级毕业季时学生给学校赠送礼物这个真实的情境,引导学生运用设计思维为学校定制一份独特的、生动的、有意义的毕业赠礼。

本项目是面向五年级学生的一个融合美术、劳动技术和信息技术三门学科的跨学科类型的项目。在 10 个课时内,学生将运用设计思维,通过技术加工、编程等方式为校园独家定制一份有意义、有帮助的毕业礼物。

学生在项目中,除了要掌握一些核心知识概念——电路的连接与加工、编程方法和技巧、产品设计与包装外,更重要的是学会如何运用设计思维去解决问题。在入项之前,学生要对设计思维有初步的理解,并且通过一次游戏尝试去运用设计思维;接着针对驱动性问题进行讨论,并站在学校的角度去调研、观察、头脑风暴,重新筛选并定义要改善的校园问题或现象;再在教师提供的支架下,从发散思维慢慢转换为聚合思维,筛选出最合理的方案,并运用三门学科的知识与技术,将方案一步步变为现实;最后制作出一份与往届不同的、有意义的、对校园起到作用的毕业赠礼。最终形成的项目成果是:针对自己想要解决的问题,设计出功能、材料、使用方式各不相同的产品,且能真实地解决或改善校园中的问题或现象。

在这个项目中,设计思维的作用是帮助学生如何去解决问题,而发散思维到聚合思维的灵活转换才是真正指向"创造性"的。学生将二者结合,才能真正做到创造性问题解决。

二、项目设计

(一) 项目目标

1. 跨学科核心概念

设计思维的应用

2. 知识与能力目标

（1）美术：能够根据设计对象的功能选择合适的材料进行构思与设计；能够学会根据功能需求，利用材料的造型与材质特点构思造型，用添加、剪裁、替换等方法进行加工改造。

（2）劳动技术：能够选取合适的材料对电子电路、产品外形进行加工制作。

（3）信息技术：掌握程序结构，包括顺序结构、循环结构、选择结构；掌握并能够绘制程序流程图；能够理解程序中暂停的含义以及单位之间的换算——秒与毫秒；能够通过编程操控屏点灯的变化；能够通过结合变量与传感器，达到正确运用变量的能力。

3. 高阶认知

（1）问题解决：能够运用设计思维去解决问题；能够经历发现、筛选到重新定义问题的过程；能够考虑环境、用户等限制条件。

（2）决策：能够通过对多个问题的综合评价和考量，再根据标准，筛选出最值得解决的问题。

（3）系统分析：能够从设计思维的角度出发，从 WHO、WHEN、WHERE、WHAT、WHY、HOW 六个方面去细化方案、设计产品。

（4）实验：能够根据方案去制作模型并进行反复多次的测试和修改。

（5）调研：在产品测试阶段，能够通过采访和发放问卷，收集客户的产品使用情况。

4. 学习素养

（1）创造性实践：能够根据不同的校园问题或现象，提出功能、材料、使用方式各不相同的方案，制作出具有创造性的产品。

（2）探究性实践：能够发现并筛选问题；能够根据标准重新定义问题；能够将学科知识与实际生活结合在一起，合理运用；筛选并形成问题的解决方案；对方案进行合理的测试；测试后的迭代和反思。

（3）社会性实践：小组分工明确；能够倾听他人的观点并给出回应性的思考；接受他人不同的观点；能够清晰、礼貌地向他人表达自己的观点或不同的见解。

（4）调控性实践：能够不断反思和调整方案。

（5）审美性实践：能够利用不同的材料装饰、美化产品；能够针对不同的用户设计合适的外形。

（6）技术性实践：运用 Design Routine、学习单等形成可视化思维；能够选择合适的工具加工不同的材料；能够根据不同的预设功能进行合理的编程。

(二) 挑战性问题

1. 本质问题

如何运用设计思维去解决问题？

2. 驱动性问题

作为即将毕业、离开学校的五年级学生，你会想要送一份什么样的礼物给学校呢？学生结合自己的生活经验共同讨论，有的想要送音响，有的想要送 U 盘，有的想送学校一个发球机，有的想送一份自己 DIY 的作品，等等。我们一起将众多的想法进行分类，有的分为有声的和无声的，有的从作用的角度分为有纪念意义的、实用的和装饰美化的；还有的分为自己做的和现成买的；等等。面对这些分类，大家投票选择自己更想送哪一类的礼物。最后总结出学生想要送出的毕业赠礼应该是有声的、美观的、对校园有作用的。那么如何为校园定制一份有声、美观且能改善校园的毕业赠礼呢？

三、项目实施

(一) 项目准备

在入项之前，学生需要明确接下来这个项目中所要运用的思维方式——设计思维。但单单告诉学生设计思维的步骤和运用方法，他们对设计思维的理解只停留在一个抽象的水平上，无法将理论和实践相结合。

所以在准备阶段，我搭建一个"纸牌游戏"活动支架，想要引导学生将设计思维的方式方法灵活运用，在游戏活动中更清晰地理解设计思维。在"纸牌游戏"活动中，小组成员分别抽 WHO、WHERE、WHY 三张牌，组成一句话并尝试设计出符合条件的产品。学生在这个过程中，尝试将设计思维理论运用于实践。例如，三张牌分别是：老人、在公交车站、想要泡茶。学生从"WHO"出发，进行换位思考，建立同理心，写出老人的特征，如行动不便；再从"WHERE"出发去考虑地点背后的限制条件，如室外、有车；最后再去思考为了达到"WHY"的目的，需要哪些东西，如茶叶、热水、糖等。最终，学生根据这些限制条件、对象特征等设计出一个可以泡茶的行李箱。这样一个游戏支架可以让学生慢慢习惯用设计思维去解决问题并理解设计的要素与限制条件，为后面的项目化学习做铺垫。

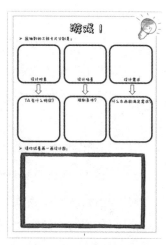

图7-1 "纸牌游戏"学习单

（二）入项

"作为即将毕业、离开学校的五年级学生，你会想要送一份什么样的毕业赠礼给学校呢？"我以提问的方式导入，要求学生围绕这个问题畅所欲言，此时我要做的就是把学生的所有答案写在黑板上。接着，我引导学生根据黑板上的答案进行分类并互相交流。学生 A 发现如水杯、U 盘等是无声的，而音乐贺卡、蓝牙音箱等是有声的；学生 B 觉得有些礼物是要自己动手制作的，而大部分是直接购买的；学生 C 还从礼物的功能作用角度将其分为有纪念意义的、装饰美化的和改善校园的……这时，再让学生站在世外学生的角度出发去对比这些类别，想一想到底哪样礼物更适合学校。对此，大家认为有声的礼物比无声的好，更加生动；能改善校园的礼物比有纪念意义的礼物更实用，等等。最后，学生共同总结出想要送给学校的毕业赠礼应该是有声的、对校园有所帮助的、美观的。当学生已经对毕业赠礼讨论出了一些标准后，我归纳并总结出驱动性问题：如何为校园定制一份有声、美观且能改善校园的毕业赠礼呢？

对于如何定制一份这样的毕业赠礼，学生还没有清晰的思路。于是我引导学生针对驱动性问题进行提问：学校有哪些地方需要改善呢？用声音去改善吗？会播放什么声音呢？怎么做成有声的东西呢？……接着我们一起对这些杂乱无章的问题先进行筛选，梳理掉一些无关的问题，最后根据逻辑的先后关系进行排序并确定了以下几个子问题：
- 学校有哪些现象和问题可以用声音去改善？
- 如何用声音去改善学校的现象或问题？
- 采用什么样的技术和制作材料能够实现想法？

(三) 知识与能力建构

子问题 1：学校有哪些现象和问题可以用声音去改善？

校园内有哪些需要改善或改变的现象和问题呢？刚开始我直接让学生思考并讨论出所要解决的问题，发现有部分学生根本没参与讨论或是组内有一人直接定下了要解决的问题，这样一来，学生没有完全发挥自己的发散思维，甚至没有思考过程。而且没有给出标准就定义的问题缺乏严谨性，很多小组讨论出的问题都是非常宽泛、抽象的，学生在思考的过程中没有结合校园生活的经验，例如：学生经常浪费水。这样的问题不够具象，学生在什么情况下会浪费水？在哪儿有这样的现象？此外，小组讨论出的问题或现象非常简单并易解决，有的问题还非常"官方"，例如：学生不戴口罩，学生在走廊里奔跑，等等，没有挑战性和创造性。所以在这个环节，结合 CPS(Creative Problem-solving)模型，我搭建了旋转木马式头脑风暴的活动支架，以引导学生充分发挥自己的发散思维。这个活动可帮助集体同时对多主题进行头脑风暴，短时间内收集所有人对多个话题的意见，是清晰呈现的绝佳工具。活动基本流程如下：

(1) 张贴问题板——教师在问题板上写下不同问题或话题，并围绕教室将张贴板上墙。

(2) 分组——学生分成小组，每组被分配一支不同颜色的记号笔及一块张贴板。

(3) 记录想法——每组用记号笔在张贴板上不限条目地写下自己的意见或想法。

(4) 转动旋转木马——每组就是一只"小木马"，在教室里旋转，到达下一块张贴板时，用记号笔记录下想法，直到回到最开始的那块张贴板。

(5) 阅读张贴板——小组各自阅读张贴板上的所有意见或想法。

我想通过这个活动让学生充分利用发散思维,尽可能多地去思考在校园中有哪些问题或现象可以用声音去改善,而不只是老师提问学生回答,所以我对旋转木马式头脑风暴活动规则进行了补充和修改。首先,在形式上,不再是直接写在问题板上,而是用不同颜色的便签纸去代替,这样加快了小组的效率,而且在后面的环节中可以更加方便进行初步的筛选。其次,我一共分了4块问题板,并张贴了12张我们学校各个地点的照片作为话题,并在每张照片旁边都贴了"＋"和"－"的符号,"＋"代表的是这个地方能够添加哪些声音使其变得更好,"－"代表的是这个地方有哪些现象或问题可以通过声音去减少或改变。

图7-2 在旋转木马式头脑风暴后的张贴板

在旋转的过程中让学生尽情地去写,不分对错,充分发挥学生的发散思维,直到回到刚开始的那一张张贴板前。而当每个小组轮换的时候,学生能看到之前的小组写下的内容,这其实就是想法叠加的过程。最后我将张贴板上的内容读出来并和学生一起粗略地筛选出部分不能用声音解决的问题或现象,最终每个地点旁边都出现了很多"新发现":

表 7-1　学生头脑风暴后的想法

学校门口	● 有节日时,播放庆祝节日的话语或音乐 ● 增添介绍学校的声音或校歌	● 门口消毒时有学生插队 ● 学生奔跑进入校园
书法教室	● 播放古风音乐或诗词营造氛围感	● 砚台里的墨汁干了 ● 毛笔不盖盖子,排队时满地都是墨汁
一楼走廊	● 下课时间播放笑话 ● 介绍班级的乐高墙 ● 介绍科常设备的原理	● 有学生奔跑和打闹 ● 阿姨拖完地很滑会摔跤 ● 拿饭时争抢或打翻
……	……	……

现在五花八门的想法摆在面前,学生究竟该去解决哪一个问题呢?根据创造性问题解决模型来看,光有发散思维是远远不够的,如果最后学生发现的这些问题和现象得不到聚合,那在这个项目中,最后的成果也许只是"天马行空"。所以在旋转木马的最后一个步骤——阅读张贴板中,要让学生学会从发散思维逐渐转换为聚合思维,具体点说就是要对张贴板上这么多问题进行合理筛选并最终确定。

所以在筛选问题的这个环节,我提供了一张"我的问题发现"学习单,帮助学生筛选问题(见图7-3)。每位学生从中挑选 4 个问题,并根据筛选标准——发生频率、必要性、是否可用声音解决这三点进行打分,最后综合考量并选出一个发生频率最高、必要性最强的问题或现象。例如:学校门口播放有关节日的祝福或音乐、美术教室和劳技教室听不见铃声、一年级学生易把水甩在地上、小花园里总有学生扔小石子玩、书法教室的墨容易结块导致书写不畅、介绍走廊里的科常设备原理,等等。

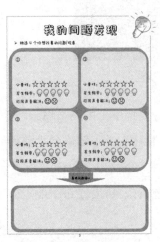

图 7-3　问题筛选学习单

在每位学生都选出了最终问题后,我将学生个人筛选出的问题写在屏幕上,并引导学生对屏幕上的 17 个问题进行投票,选出 4 个票数最高、必要性最强的问题。

- 低年级学生在池塘边伸出头看锦鲤和乌龟，会容易摔下去。
- 书法教室的墨容易结块导致书写不畅。
- 一年级经常会在走廊玩科常设备但不明白其原理。
- 老师上课容易拖堂。

接着学生填写志愿书，在这 4 个问题之间选出自己最想要解决的问题作为第一志愿，并再选出两个作为第二、三志愿，最后我根据学生的志愿调剂并将其分配为 4 个问题解决小组。学生既选择并确定了自己最想要帮助学校解决的问题，又重组了合作小组。

组建了新的问题解决小组后，小组成员讨论并分工：技术员、工程师、设计师、拟音师、组长、记录员，记录员要在 iPad 上记录下经过讨论定义出的问题，并针对小组要解决的问题讨论一下组内成员有哪些已有的知识和想要知道的内容。

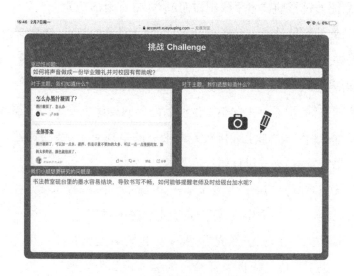

图 7-4　定义问题环节中的过程性评价表

子问题 2：如何用声音去改善学校的现象或问题？

学生在这个阶段开始针对各自重新确定的问题构思解决方案。在第一次实践这个项目时，我让学生小组讨论并生成解决方案，但只是让小组内部进行口头讨论，结果发现有学生在其中"浑水摸鱼"，而且还会有"一人定大局"的现象，不是所有学生都进行了充分思考。学生讨论出的方案也是非常笼统或不切实际的。

例如：想要解决老师上课拖堂问题的小组设计了一个能够播放声音的木盒子，但对于这个木盒子是什么造型，它什么时候播放，在哪里播放，怎么播放，学生并没有进行具体的思考。那为了引导学生能提出一个更为详细的方案，我在这一环节给学生提供了一个设计思维中常用的支架——"5W1H"法，要求每位学生尝试从WHO（为谁设计）、WHAT（播放什么声音）、WHEN（在什么时候播放声音）、WHERE（放在哪里）、WHY（为什么设计这个方案）、HOW（运用什么技术去实现）这六个方面先独立思考。在学生得出个人方案之前，我还与学生共同解读了学习单中的5条标准：

1. 留下的语言或声音要规范、正能量、有趣。
2. 选用课上提供的材料，或利用环保材料、废物利用。
3. 播放声音的时机要合适，能起到改善校园的作用。
4. 产品能通过目前技术手段制作而成，并带有附加功能。
5. 产品的外形设计能结合场景、声音或设计对象的特点，造型新颖。

尤其是在解读第5条标准的时候，我会讲解美术学科的部分核心知识，例如如何根据功能需求去构思造型以及产品外观设计的重要性和趣味性，并给出了几个产品设计的案例，引导学生知晓学生产品外形的设计也要"以人为本"。

解读完标准后，学生心里大概对方案最后的呈现有了一定的感知，然后在20分钟内进行思维发散，独立设计解决方案。

在创造性问题解决的第二个环节——想法的确定，同样也要从发散思维慢慢转换为聚合思维，就是一个生成、筛选及确定想法的过程。

因此，当每位学生的想法形成后，要开始进行方案筛选了。那哪位同学的方案最好呢？谁说了算呢？根据老师给出的标准该如何投票呢？组内成员对这些问题产生了矛盾。

这时候，我开展了一个"方案评审会"的活动，运用"角色扮演法"作为流程学习实践支架——四组学生被分为两个大组，两大组中的其中一组为方案组，即每组成员轮流介绍自己的方案；另一组就是评审组，即当方案组成员介绍完后，评审组成员根据自己扮演的角色以及评价标准举牌进行打分，一轮结束后，两组互换。图7-5为"方案评审会"中的角色及标准。

拟音师：

评判标准	分值
❖ 留下的声音或语音不文明、负能量。	0
❖ 留下的声音或语音文明、正能量。	1
❖ 留下的声音或语音不仅文明、正能量，而且还有趣、具有特色。	2

执行官：

评判标准	分值
❖ 他的方案不能对改善校园起到作用。	0
❖ 他的方案能在校园中起到改善的作用。	1

资本家：

评判标准	分值
❖ 方案用到 DT 课中的材料。	1
❖ 方案不仅用到 DT 课中的材料，还用到了环保材料（帆布、环保吸管等）或废物利用。	2

工程师：

评判标准	分值
❖ 方案中的功能不能够用现有硬件设备制作出来。	0
❖ 方案中的功能可以用现有硬件设备制作出来。	1
❖ 方案中的功能可以用现有硬件设备制作出来，并有附加的功能。	2

设计师：

评判标准	分值
❖ 产品的外形设计简洁。	1
❖ 产品的外形设计能结合场景或声音的特色，样式新颖。	2

图 7-5　五个角色标准及分值

　　方案组有一名记录员，全程主持方案评审会并记录每位组员的得分。最后，依据五个角色的打分情况，筛选出分数最高、最合理的方案作为小组最终解决方案的主方案，再结合分析小组内其他组员方案中的得分点，小组讨论并形成最终解决方案。

图 7-6 某小组经产品评审会后讨论出的最终方案

与此同时，每组的记录员将投票后组内成员共同讨论最终解决方案的详细过程记录在评价平台上。

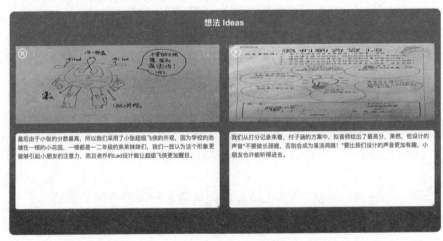

图 7-7 某小组确定想法环节中的过程性评价

以图7-7所呈现的这组"解决低年级学生池塘边探头"小组为例,他们在作为方案组讲解的过程中,评审组不单单是倾听和打分,更有趣的是学生会自主地从各个角色的角度去提问、评价或给出建议,这也让方案组颇受启发,使得方案更加完善。

在"池边勿探头"小组的小张和小虞两人的方案中,外形设计皆为卡通形象,小张设计的是超级飞侠,而小虞设计的是忍者神龟。当小张介绍完之后,小虞讲解自己的方案,方案组的"设计师"却给出了1分,比小张低了1分的小虞便问"设计师":"为什么同样是卡通形象,我的得分却比他低呢?""设计师"认真回答道:"虽然你的设计也很有趣,但根据标准,我觉得比起小张的设计,你没有结合设计对象的特点呀!因为我有个弟弟,马上就要一年级了,他不知道忍者神龟是谁,但他很爱看超级飞侠,也很熟悉。我觉得超级飞侠更能吸引他们。"此时"评委"还补充道:"如果选用这种卡通人物的形象,要做得更立体一些,我觉得光是将卡通形象画出来贴在纸板上还是太单薄,如果谁家有超级飞侠的旧玩具岂不是还能废物利用?"方案组的组员也纷纷点头表示赞同。这样的想法碰撞还有很多,不论是方案组还是评审组,都在评审会的过程中根据老师给出的标准并结合自己的生活经验去思考、完善方案。

不难看出,学生的状态和积极性远远比仅进行小组讨论的时候要强得多,他们真的会把自己代入到这个角色中去,不光是以这个角色的标准去给方案打分,更会从这个角色的角度出发去辩证地思考这个方案。所以在"方案评审会"中,不是只有方案组的阐述,还有评审组的疑问和建议。每个学生在评审会中,既能锻炼阐述、论证的能力,又培养了辩证地看待事物的意识和习惯。

子问题3:采用什么样的技术和制作材料能够实现想法?

在第一次实施教学时,在讨论出方案后,我直接让学生绘画设计图纸,但发现大多数学生只考虑到了产品的外观,却忽略了产品的功能和材料等方面。因此在这个环节我增设了一张"情景再现"学习单,引导学生先尝试画出产品放置的地点和可能发生的情景。学生设想出的地点能直接引导学生考虑产品的材料,如是否需要防水、防尘。而可能发生的情景其实就是在指向产品的功能,要想象在预设的情景下,需要用到什么传感器或怎样的编程才能达到这样的效果。在这样具象的思考后,学生能够更加全面地设计他们的产品。

例如:

• 为了解决教师拖堂的问题,学生设计了一个播放预下课铃声且显示时间的装置,通过编程(功能)设置时间,在正式下课铃响前 3 分钟播放一段语音提醒老师。

• 为了让低年级不识字的小朋友也能理解走廊中一些科学展示器具的原理,学生设计了一个博士外形的产品,通过外接大按钮(功能)播放一段学生改编的、较为有趣的科学原理录音,帮助低年级小朋友理解原理。

• 为了提醒小朋友池塘边勿探头,学生设计了一个低年级学生熟知的卡通形象,并选用塑封和亚克力作为制作材料(材料),可以防止下雨天产品被淋湿。

最后,学生共同讨论所需要的材料以及制作阶段的步骤,记录员将讨论结果记录于评价平台。

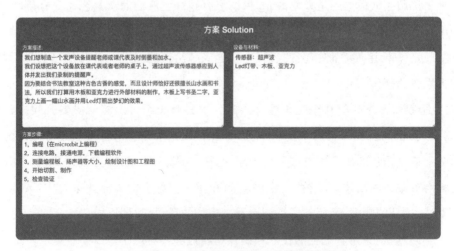

图 7-8 某小组确定方案环节中的过程性评价

在学生对整个方案有了清晰的认识之后,如何去实现呢?由于五年级的学生先前已经对 micro:bit 编程中的基本操作和劳动技术中的切割、打磨、连接板块有了一定的了解,但原先学习的知识远远不够,因此信息技术老师会利用两个课时,教学生如何对多种不同的传感器进行编程,此外我简单讲解了电路连接的基本知识,在此基础上学生开始学习如何使用不同的工具去连接扬声器、录音模块及传感器等,并且巩固了材料的特性知识以及如何选择合适的工具和机器设备去制作。在大量的知识和技能灌输后,小组成员开始各司其职,将设计图变为真实的产品:技术员运用 micro:bit 编程并对电路进行设计和加工,保障产品的功能;工程师选择合适的机器设备制作加工产品外形;设计师美化产品,使得产品能够更贴切使用对象的特征;拟音师编辑制作音乐或录音。

(四) 成果修订与完善

当产品制作完成后,学生们还沉浸在制作完成的喜悦和自豪之中。而当我对某个小组提出一些建议时如"我觉得你们这组还可以在外形上做调整",学生们的回答要么就是"我觉得已经很好了",要么就是"我们已经尽力了"。他们没有想要去反思或迭代这个产品。这一行为表现很大程度上是由于小学阶段的学生,他们的元认知还没有到达自主反思、迭代的能力。

所以我组织 4 个小组将产品放在教室里模拟使用环境并进行测试。红外传感器能够监测到人体吗?超声波传感器监测的距离是否合适?播放声音的时间是否合适?产品放在这里会被溅到水花吗?声音的分贝高了还是低了?Led 灯能在合适的时间发光吗?经过模拟测试后,学生将过程中遇到的问题记录在评价平台上(如图 7-9),并在班级里一起分享。有的小组测试后发现产品的红外传感器时而检测到人体,时而检测不到,后来拆开产品检测线路时发现,传感器并没有问

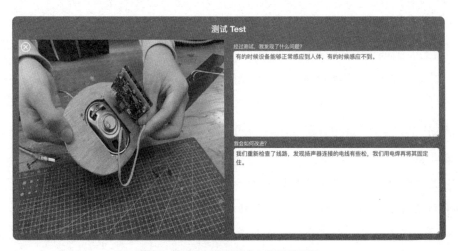

图 7-9 某小组在测试中发现的问题

题,而是扬声器的线路有些松动,导致在测试时误以为是传感器没有感应到。这其实就是设计思维中一个很重要的能力——debug,像产品中线路出错的现象,学生需要重新调试并检查,确保每一根线路都是连接正确且正常工作的,这是一个很需要耐心且耗精力的过程。但令我意外的是,这一组学生并没有怨言,很快就投入到重新调试的过程中,只因为他们想要知道原因,强烈的自主能动性推动着他们细心地除错。

而有的问题一时半会儿不知如何解决,那么全班学生将共同讨论并提出改进方案,最后将产品进行修改与迭代。例如:"水池勿探头"小组的学生在测试时发现放在水池边的产品开关以及红外传感器会外露,如果雨水滴到开关上会导致用电不安全,班级同学为他们小组想出了很多解决办法,比如在开关和传感器前放置遮挡板、在附近包裹彩泥并捏出相机按钮的造型、在外面罩上一个透明亚克力板,等等。当小组正讨论应该选择哪一个修改建议时,我建议他们不要马上作结论,而是去试一试那些改进方案。于是小组成员开始逐个尝试:在红外传感器外挡上一块亚克力板后,由于传感器前有遮挡,虽是透明的,但也影响感应效果;用彩泥包裹后,按钮变得不醒目,也不方便开关,而且彩泥遇到水也会有一些褪色;最后他们测量了传感器的大小,为遮挡亚克力的罩子开了个口并在四面做成一个凸起的方体,完美解决了这个问题。

经过第二次的修改和迭代,小组全员拿着自己迭代过的产品到预设地点进行测试并拍摄一段宣传片,进行剪辑加工后作为产品论证会的媒体资料。

(五) 出项

组织学生开展产品论证会。我邀请代表校方的老师们作为论证会的评审。每个小组通过宣传片、PPT 或演讲的方式依次向校方推荐并展示小组所要解决的问题、产品是如何工作的以及产品最大的特点或优势。以下是"介绍科常设备"小组的论证稿:

同学们好!大家都知道在教学楼一楼有一条科学长廊,那里有很多好玩有趣的科学实验小设施,让我们能够探索科学世界的奥妙。通知大家一个好消息,我们的科学长廊大家庭即将迎来新成员了,它就是我们研究团队在 DT 课上自己设计制作的 El primo 设备，它会被安装在科学长廊的墙面上，再过不久我们就要毕业了，这也是我们送给 WFL 的一份礼物，欢迎同学们有空的时候过去研究探索。

下面由我们来给大家介绍一下 El primo 设备吧！首先我们为什么会设计这么一个产品呢？因为我们发现虽然科学长廊上的科学设施有很多，但低年级的学生在玩这些设备的时候真懂背后的原理吗？旁边的科学原理没有标注拼音，也没有讲解，对于低年级的弟弟妹妹来说很难理解，而且有很多设备都被粗心的同学损坏了，例如"琴弦影像"设施，原本有三根琴弦，但是现在全部断了，再如"手耳协调"设施，原本需要同学们动作协调，让铁环不碰到铁柱从一头走到另一头，但是现在却发不出声了。看着这些"缺胳膊少腿"的科学设施，我们很是心疼。

别看我们设计的产品外表很简陋，但其实它充满了很多创意。它可是个多面手，一物身兼两个功能，首先它可以作为一个音响，同学们可以通过它了解科学设备的原理，其次它还可以是一个玩具，会发光的小眼睛和提醒语能够吸引小朋友的注意力。

下面由工程师和设计师来介绍一下我们的制造过程。

留声机外形采用 El Primo 的卡通形象，能够吸引小朋友的注意力。它的外壳采用木板材质，整个外形的颜色搭配参考本来的卡通形象。身后有个黄色的大按钮，直接连接内部的 micro：bit 编程模块，我们通过编程将介绍和提醒的语音收录在内。因考虑到产品是放在科学长廊上，但这个地方又是教室通往操场的主要通道，如果采用超声波传感器，会形成噪声干扰，因此我们选择按钮的激发方式，这样也会有和小朋友的互动。

这次的制作过程给了我们很多启发：第一，永远对世界保持一颗好奇心，课间休息、午休等碎片时间请到科学长廊去探索科学的海洋吧，那里是梦想起航的地方，说不定未来的哪一天，我们这些爱好科学的小朋友也会成长为像牛顿、爱因斯坦、钱学森、李四光那样伟大的科学家，为社会的进步作出卓越的贡献！第二，通过这次课程设计，我们发现要有会观察的眼睛和善于思考的头脑。生活之中、身边之事都会给你很多创意和设计灵感，多多观察，用心思考，不怕失败，一定会收获很多。

当一个小组介绍的时候，其他组的组员也都分别认领了一个角色：

- 功能评审：产品是否能正常使用所设计的功能

  产品是否具有其他附加功能
- 设计评审：产品是否美观

  产品外形是否融入场景或设计对象的元素
- 语音评审：声音是否对所要改善的现象起到作用

  声音是否生动有趣
- 环境评审：产品放置的地方是否合理

  是否会影响产品的寿命

某个小组介绍完后，评审员们先从各自的角度出发，根据评价标准提出建议或表达观点，进行答辩。针对"介绍科常设备"小组，语音评审建议他们在介绍原理的同时，再介绍一下这个设备的操作方法，这样比直接告诉小朋友不要玩坏设备更能被理解；设计评审也提出：El primo 这个博士形象可以加上一点学校元素，比如给它添加一件我们学校的校服或校徽，更能将产品外形贴近设计对象的生活。最后由校方评审老师给出建议并宣布产品是否通过。通过评审的产品会真实放到学校中进行使用。

（六）反思与迁移

最终呈现的产品也体现出了学生的差异性，大致分为以下三类：

1. 完全达到预设功能且通过评审

针对这一类产品，我设计了一张使用情况追踪单，记录一周内产品的使用情况和用户反馈，通过采访和自主观察，对产品进行评估和再改进。学生在一周的观察后，对产品又有了新的想法，例如解决池塘边探头的小组在反思中写道：大课间时来池塘边的小朋友很多，产品不断感应并发出提醒声，会成为一种噪音；可以在产品中增加一个摄像头，捕捉下那些探头的小朋友并通知班主任进行提醒。

2. 达到部分预设功能且没有被学校采用

针对这一类产品，我会提供一张奔驰法（Scamper）图。这个图在设计思维中的方法构思阶段很常见，不过在项目反思中也很适用。从去除、替代、合并、改造、

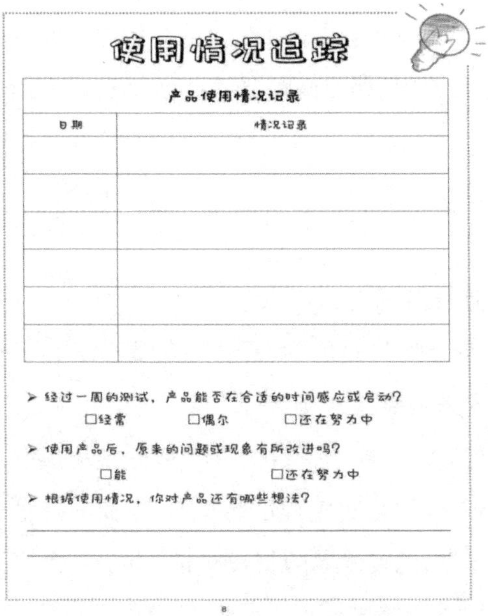

图 7-10　使用情况追踪反思单

图 7-11　Scamper 学习单

修改、其他用途等方面出发,引导学生进一步思考自己的产品有哪些还能改进的地方。这个图也能让已经"陷入僵局"的小组跳脱出原本的框架,从其他角度出发重新看待自己的产品。比如解决老师上课拖堂问题的小组,在奔驰法图的引导下,将调试不好的预下课铃声改为更容易编程的准点播报。

3. 未完成产品制作

有的小组由于合作或技术原因,没能完成产品的制作。我会给他们鱼骨图学习单,引导学生回顾整个项目,从合作、技术等多个角度去分析失败的原因。有一组学生在

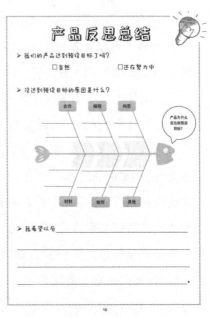

图 7-12　鱼骨图

共同讨论鱼骨图的过程中,说道:"原来我们这个小组有这么多问题,我开始只认为是某个同学的懒惰和不配合造成的,现在发现,我自己在交流和沟通方面也有很多问题。"一旦学生开始从失败中总结出原因,那他们距离成功也会越来越近。

四、关键问题探讨

(一)不同学科教师在项目化学习过程中的协作问题

在这个项目中,三门学科分别由两位老师共同负责,我主要负责美术和劳动技术,而项目中段会由信息技术老师介入去提供技术与支持。

信息技术老师与我共同探讨了整个项目。基于项目的教学目标以及预设最后的成果,信息技术老师需要衡量这个项目的可实施程度与软件、硬件的技术边界,尤其是关于给学生多大的范围去操作,信息技术老师与我探究了很久:到底提供多少种传感器才能最大限度地去发挥他们的创造性?如果给的范围太广,将 10 种以上的传感器摆在他们面前,他们会无从下手且编程能力有限,无法将多种传感器组合在一起;如果只给 4 种传感器,学生确实能在规定课时内完成编程学习和制作,但限制了最后产品功能的多样性和创造性。最后我们暂定了 6 种传感器和 4 种辅助工具作为现有材料,并在第一次项目完成后,根据学生的学习状况又更换了一些传感器和工具,使得这个项目变得更加可操控且不失创造性。

在劳动技术和美术学科方面,我需要引导学生根据设计思维中环境给出的限制条件去选择不同的材料,针对材料的特性设计外形并制作、连接电路。在美术学科外形设计方面的支持,倒是不用给出一个范围,因为不同的材料有不同的造型方法,没有真正的对错,学生能够极大地发挥自己的创意;而劳动技术方面就有一定的局限性了,学生如果选择不合适的工具去剪裁或切割,就会导致制作进度变慢或产品的精细度降低。那如何让学生在尝试中掌握这些工具与材料的特性呢?如果单单只是以讲授的方法,那学生在学习的过程中没有任何有价值的思考,只是在死记硬背。像这种动手实践操作的知识点的学习,我认为最有价值也最好的学习方法就是有效失败,也就是说让学生先去尝试,在试错的过程中明白什么材料适合用什么工具去制作。但有效失败需要大量的课时让学生去实践和经历,整个项目的时间又非常紧张,要用多少课时去试错? 多少课时留给学生自己去制作呢? 这又涉及整个项目的课时安排问题。

(二) 跨学科项目的课时安排问题

为了节约试错的时间,我会先让学生思考,这种材料应该用什么工具去制作,如果全班的答案都一样,就可以直接讲解操作方法;如果学生各抒己见,就由学生自己去尝试,尝试之后,根据制作材料的精准度、难易度去判断哪一种工具最为合适,这样不仅加快了新授知识点的进度,而且学生在经历了"有效失败"后,对知识点就会掌握得更加牢固。

而信息技术老师什么时候介入课堂进行教学呢? 如果安排在学生设计方案之前,学生可能无法将这些编程方法和他的方案结合,或是等到真正开始制作的时候忘记了某些技巧和方法;如果在学生设计方案之后,那在设计方案的时候,学生对传感器及工具的理解不够,方案也就无法真正解决问题。所以最后我和信息技术老师讨论,决定在学生设计方案之前,由我来简单介绍一下给出的 6 种传感器和 4 种辅助工具能达到的功能效果,让学生对这些编程材料有一定的概念,再在学生筛选出方案准备开始制作之前,进行 2 个课时的编程方法的教学。

对于项目设计与实施而言,跨学科项目在课时和教师协作方面确实是一个难点,在项目设计阶段需要不同学科老师头脑风暴,不断预设学生的表现,但仅仅共同完成项目设计是不够的,还要在项目化学习的过程中,根据学生的表现和实际情况进行多门学科、多方面的调整和修改。而且在出项后,各科老师也要根据项目最终成果对整个项目进行多次的迭代。我认为只有多门学科的老师拧成一股绳,贯穿在整个项目中,才能使得跨学科项目更加完整。

项目8：玩具再生

课程类型及课时数	课程类型	年级	课时数
	科学	七年级	17（含6课时探究）
	美术	七年级	2
	道德与法治	七年级	1
	劳动技术	七年级	2（含2课时探究）
所属学校	上海师范大学附属第二实验学校		
设计者	陈莹，寇经英		
实施者	陈莹，寇经英		

"玩具再生"是面向七年级学生的跨学科项目化学习。它以科学学科为主，融合了道德与法治、美术、劳动技术等学科的学科素养，在为小伙伴改造或修缮儿时玩具并使其重新发挥价值的过程中为学习者的问题解决提供必要的知识和技能。本项目在设计过程中参考应用了设计思维的方法论体系，鼓励学生以"玩具工程师"的角色来思考、解决问题，与用户产生共情，实现学习者知识、能力和态度的整合。

一、为什么做这个项目

废弃材料是什么？它是资源吗？在与七年级学生共同进入科学学科"地球、矿物与材料"这一章学习的时候不免要讨论这个问题。大部分时候，我们能体会到材料的发展和使用改变了人类的生活，也逐步意识到废弃材料导致的环境污染问题和对废弃材料进行处理的必要性。成人都会告诉孩子要节约、要循环再利用、要能变"废"为"宝"，但为什么要让旧物发挥新价值，其意义何在？能否让变

"废"为"宝"不流于形式呢?"玩具再生"跨学科项目化学习将引导学生发现旧物改造的价值和意义。

项目实施前期,同学们通过访谈和调查发现生活中对于材料的各种"困扰",并聚焦在闲置玩具的处理问题上。很多孩子都不舍得扔掉陪伴自己长大的玩具,对玩具充满留恋,这是一种很正常的心理现象。但随着年龄的增长,这些"过渡性客体"逐渐不被需要,扔与不扔成了一个两难的选择。能否既留住美好,又不让闲置玩具沦为长期占用空间的废弃物?能否通过帮助同学完成改造心愿来让旧玩具重新发挥价值呢?令学生喜爱的"玩具再生"项目化学习应运而生。

二、项目设计

(一)项目目标

1. 跨学科核心概念

理解资源再生对可持续发展的意义

2. 知识与能力目标

(1)科学:了解生活中常见金属、塑料和复合材料等材料的特性,推断其用途;体会材料的开发应用与科技、生活发展的关系;了解合理利用自然资源的一些对策;知道可持续发展的含义,了解可持续发展对个人的要求。

(2)劳动技术:初步学会绘制作品样图,能根据需求选择合适的材料和技法;学会使用常用工具实现材料之间的连接;知道电路的常见故障,学会用试电笔等工具检测电路排除故障。

(3)道德与法治:能用正确的方式与他人进行交往和沟通;学会换位思考,学会理解、宽容和尊重。

(4)美术:能采用各种材料和制作方法,进行创意设计和工艺制作;能用创新手法进行海报设计及美化;能绘制产品设计图,形成初步的设计意识。

3. 高阶认知

(1)问题解决:对如何修复旧玩具或增加玩具功能想出新点子,能对其可行性进行论证,确认创意的可操作性。

(2) 决策：能分清不同方案的优缺点，依据现有情况做出合适的选择。

(3) 系统分析：能对项目中各个部分，如委托人、玩具、目前情况、团队，以及其间的交互作用进行分析和梳理，理解依赖关系。

4. 学习素养

(1) 探究性实践：发现废弃玩具普遍存在的处置问题，能提出问题的解决方案，经历玩具改造的全过程，最终呈现玩具改造成果。

(2) 社会性实践：能与委托人产生共情，学会换位思考；在实践中遇到困难能主动寻求帮助并给予恰当的反馈。

(3) 技术性实践：能选择合适的工具实现玩具的改造。

(二) 挑战性问题

1. 本质问题

如何实现闲置物品的新价值？

2. 驱动性问题

同学们发现进入中学后，儿时把玩的各种玩具正逐渐被闲置。有的玩具成为垃圾，有的转赠给别人，还有的正静静地躺在家里的某个角落等待被处理……作为玩具工程师的你，将如何为身边的小伙伴维修、改造一款闲置玩具，使这些玩具重新发挥它的价值呢？

三、项目实施

(一) 前期准备

1. 角色扮演：玩具去向调查员

每个同学都拥有许多儿时玩具，但它们都"去了哪里"呢？这个环节同学们需要在家里进行一次正式调查，从而了解这些玩具的具体去向。这张"玩具流向调查表"能帮助同学们更好地进行梳理和归纳。（见表 8-1）

表 8-1 学习工具 1：玩具流向调查表

日期		地点	
调查对象		儿时玩具数量	
请与父母长辈一起回忆你儿时玩具的去向（打勾，并举例）			
成为垃圾，逐步丢弃（ ）例如：			
收藏起来，占用空间（ ）例如：			
送给别人，发挥余热（ ）例如：			
心中所爱，依旧把玩（ ）例如：			
管理不当，不知所踪（ ）例如：			
及时捐赠，手留余香（ ）例如：			
变废为宝，合理利用（ ）例如：			
二手出售，有效止损（ ）例如：			
通过这个活动，我发现儿时的玩具_____ 作为一名"玩具去向调查员"，我的表现：			

通过调查，同学们发现大家在童年时代都拥有许多玩具，但只有近10%的玩具还保留在身边。其他玩具都去哪里了呢？在被处理的玩具中有近70%的玩具被当成垃圾丢弃，10%的玩具赠送给其他孩子，1%的玩具作为二手玩具出售，不到0.5%的玩具被变废为宝，其余的玩具基本是不知去向。购买玩具的费用支出在家庭支出中占比不小，加之不合理的处置方式，让家庭成员解决相关问题更为苦恼。由此看来处置闲置玩具确实是一个比较棘手的问题，尤其是那些被暂时保留下来的心爱玩具存在着被不合理处置的隐患，随着时间的推移这些玩具被再利用的机会越来越少，如何让这部分玩具再次获得新生呢？这个颇具挑战性的问题牢牢地吸引住了这群七年级同学。

2. 角色扮演：玩具改造委托人

前期准备的第二项任务是要同学们化身为"玩具改造委托人"，准备一件闲置玩具并对这款玩具的具体玩法、价值意义、目前存在的问题以及改造意愿进行一一阐述，这些信息会用于入项事件"寻找玩具委托人"的活动中。（见表8-2）

表 8-2 闲置玩具现状分析

玩具	玩法	价值意义	存在问题	改造意愿
树脂小狐狸	摆件	好朋友送的生日礼物	组件脱胶分离	修复脚上脱胶部分,除了纯观赏外希望能让其发出声音。
电动机器人	四肢能动,能发出声音	第一个"高科技"电动玩具	机械臂无法上举	修复手臂,改变机器人的外观。
……	……	……	……	……

(二) 入项

1. 入项前测

入项前测涵盖了科学学科"能与能源"章节中常见能的转化和能的转化器、"地球矿物和材料"章节中矿物资源、材料等学科知识。测试后发现,就目前而言,同学们并没有真正地把生活与学习联系起来,只要脱离了教材上的举例,错误就会不断显现。面对"材料"等还未学习的新知,92%的同学无法凭生活经验来回答。学生比较适应传统的学习方法,缺乏应对灵活题型的能力,要改变这个现状就需要在真实生活场景中建立与知识之间的联系。

2. 入项活动

我们选择了电影《玩具总动员》片段,该影片讲述了两位主角警长"胡迪"和太空骑警"巴斯光年"的冒险故事。在没有使用"微讨论板"的时候,同学们的观影感受大多围绕动画人物的角色定位和故事的情节发展来展开,比如电影中牧羊女性格的转变、反派角色的无厘头设定,等等。待同学们就这些话题讨论偃旗息鼓时,指导老师亮出了"微讨论板"请大家依据规则就四个关键问题展开接龙式的讨论(见表 8-3),并顺势引出项目的驱动性问题。作为玩具工程师的你,会如何为身边的小伙伴维修、改造一款闲置玩具,使这些玩具重新发挥它的价值呢?

表8-3 学习工具：微讨论板

1. 以班级为讨论单位。		
2. 规则：		
◇ 以彼此想法为基础,不重复别人的观点。		
◇ 大声说出自己的想法。		
◇ 不过度评论别人的观点,可保留自己的意见。		
3. 围绕四个问题开展讨论,每个问题接龙回答不少于10人。每人回答后,用"＊＊,你说呢?"请出下一位同学。		
4. 整场计时20分钟。		
四个问题		认知策略
1. 随着小主人安迪不断长大,玩具们被装进了大纸箱。遭遇冷落的玩具们为自己寻找了哪些出路？这些出路分别有什么不同之处？ 2. 妈妈要安迪把闲置玩具给处理掉,他经历了怎样的思想斗争？		整理信息 区分 辨别
3. 如果你是安迪,你最终会带走牛仔"胡迪"嘛？ 4. 你认为童年玩具有哪些好的处置方法？如果让你来处理,你会做出怎样的选择？		预测调研 创见

3. 打造玩具自选超市,组建合作团队

挑选玩具前同学们经历了自由洽谈、初建团队、部分调整等步骤,最终组建成3—4人协作的玩具工程师团队。为了能让项目更具真实性,指导老师邀请了邻班同学也参与到这个项目中,玩具委托人在班里打造出了一间"玩具自选超市",等待工程师们来邻班挑选玩具,认识玩具委托人。

4. 理清问题解决思路

初步建立供求关系后,玩具工程师们都做了什么呢？

A小组：四位同学拿到了要改造的玩具直接动手拆了起来,不一会儿就把玩具拆成了一堆零件。指导老师问他们接下去想做什么？每个人都自信满满地回答说要改造它。那么这款玩具到底存在什么问题？他们面面相觑……

B小组：这个小组选中的玩具是由螺丝和金属杆拼搭而成的直升飞机,造型看上去很简单,他们并没有发现玩具有缺损的地方。放学后,这群同学主动联络玩具委托人了解需求,再讨论后续的改进问题。

经历了这些小插曲后,指导老师开始引导学生对"接下来做什么？怎么做？为什么要这么做？"充分发表自己的见解。各小组把能预想到的问题和步骤都提

了出来,再用思维导图进行分类整理。通过大家的共同努力,原本零散的问题都被一一归类,例如委托人对玩具改造的需求是什么?这件玩具的主人是怎样的?他/她为什么要选择这个玩具?玩具对他/她有什么特殊意义?这些问题都指向了玩具委托人,因此放进了同一个类别。理清思路后,指导老师又引导各小组依据思维导图写出更为清晰的计划表。这份计划表被张贴在宣传栏上接受其他小组的评议,汇总意见后进行修改形成小组计划。班级整体计划则是从小计划中提取出共性步骤,商议出相互关联的关键问题最终形成一份"玩具再生"实施计划。(见表 8-4)

表 8-4 "玩具再生"实施计划

被归类的问题	关键步骤	关键问题
这件玩具的主人是怎样的? 他为什么选择这个玩具? 他对玩具改造的需求是什么?	了解玩具委托人的需求	子问题 1:委托人为什么要改造这个玩具?
这个玩具由哪些材料构成? 这个玩具有哪些功能? 怎样才能实现再生? 如何添加电路?	了解玩具现状 学习更多改造知识	子问题 2:这个玩具有什么特点?
网上有"玩具再生"案例嘛? 有什么可以参考的?	调查成功案例	子问题 3:我们能从成熟的解决方案中提取哪些有用的信息?
听谁的? 怎么改? 设计图怎么画?	选择最佳方案,画设计图,听取用户意见	子问题 4:我们最终采用的再生方案是什么?
我们是做模型还是做产品? 如果需要焊接,我不会怎么办? 要自己花钱,买材料吗?	制作模型或者制作成品	子问题 5:我们是如何实现"玩具再生"的?
客户不满意怎么办? 我们怎么展现出来呢? 要解说词吗?	修改成果,搭建展台	子问题 6:如何让委托人认同我们的成果?

入项环节后,为了帮助同学们更好地理解"计划"的重要性,老师请大家进行了集体反思(见表 8-5)。同学们觉得做计划的过程最难,首先要做一些小调查来支持设想,与同伴交流自己的想法,还要一步步修改和提炼,最终形成解决问题的步骤。家乐同学还留言说:每次参与讨论时,我都摸着玩具,忍着拆开它的冲动,

心里真的很痒痒。

表8-5 入项阶段反思评价表

具体指标	没有做到 0—5 做得很好	活动反思
知道做事前需要"计划先行",能充分思考并设计出计划。		做得好的地方有哪些?
在小组讨论中能主动提供解决思路,充分表达自己的想法。		
能倾听他人的意见,再提出自己的想法。		
个人的解决问题思路与班级最终计划重合度高。		待改进地方有哪些?
能服从组长安排,做好分内工作。		

(三) 知识能力建构

子问题1:委托人为什么要改造这个玩具?

◇ 实施步骤:访谈玩具委托人,了解其兴趣爱好、与玩具的故事和改造需求。

◇ 涉及的知识和技能:能用正确的方式与他人进行交往和沟通;共情能力、沟通交流能力。

◇ 提供的学习支架:优点卡、模拟访谈、用户画像。

要改造玩具首先要了解玩具的主人。可是大家不认识委托人怎么办?老师让同学们自己想办法"揭开神秘面纱",只有与委托人建立联系才能更好地了解对方。小工程师们的第一项任务就碰了一鼻子灰,原来是因为下课后他们冲进邻班莽撞地大喊委托人,引起了哄堂大笑。第一印象就不太好,接下去要怎么办呢?科学老师为大家请来了道德与法治学科老师与同学们一起找找解决问题的办法。

1. 优点卡

怎么与委托人进行第一次沟通呢?在老师的指导下,同学们纷纷为班里的小伙伴写出10个不同的优点,在接下来的日子里轮流抽出"优点卡"进行宣读。一周后,同学们发现班级里"闹矛盾"的现象少了,同学间相互帮助的气氛越来越浓,就连略显紧张的异性同学关系也缓和了许多。这是为什么呢？在这一周里"优点卡"让每个人都感受到了被集体关爱的温暖，而关爱他人正是维系友好关系的桥梁，关爱更是社会和谐稳定的润滑剂和正能量。当大家都关注别人的优点时，那些不起眼的小矛盾也就迎刃而解了。

指导老师请同学们想想，怎样把小技巧迁移到与委托人的第一次沟通中。有的同学说要找邻班好友收集委托人的优点，还有的去找任课老师了解情况，大家准备把这些优点巧妙地用在与委托人的交流中。而那个碰了一鼻子灰的小组则表示不能再这么唐突了，沟通要讲究策略、要心怀善意，更要真诚豁达，留给委托人良好的第一印象决定了他们团队能否成功实现"玩具再生"。

2. 模拟访谈

一个问题解决了，可是新问题又产生了。第一次沟通要问委托人什么问题呢？老师请大家把想到的问题都写下来，再找一位同学扮演"委托人"接受采访，请这位同学来评价问题的优劣。接下来访谈提纲在模拟访谈中被一改再改，删去了各种重复问题，又增加了许多有针对性的话题。（见表 8-6）

表 8-6 学习工具：访谈提纲

	第二稿	评价	第三稿	评价
	最喜欢的玩具是哪一类？	不好	你最喜欢哪类玩具？（提供选项）	好
	要被改造的这个玩具原本具有什么特点？	一般	这个玩具有什么特点？	好
	你为什么拿出这个玩具来改造？	可以	为什么要选择这个玩具呢？	可以
……	你想赋予它什么样的功能？	可以	如果玩具也可以长大，你希望这个玩具是什么样子？	好
	对我们为你改造玩具，有什么要求吗？	好	对我们为你改造玩具，有什么具体要求吗？	好
	—	—	现在的你最喜欢/讨厌什么？	好
	—	—	你有哪些生活习惯？	不好
	—	—	玩具改造后，你会如何使用它？	可以

完成访谈后，同学们把收集到的信息进行梳理，提炼成具有用户特征的多个关键词，最后完成了"用户画像"。大家还借助评价表对自己的沟通交流能力进行

了自我评估,在小组内进行反思。

魔棒小组的组长颖涵同学为自己评分28分,她说:"我给自己扣2分,1分扣在欠考虑方面。因为我虽然对待用户很礼貌,但没有考虑到可以赠送一份小礼物来感谢她的配合。还有1分扣在访谈结果的整理上,整理得不够仔细。我们小组都是女生,用户也是女生,大家配合非常默契,每次活动气氛都十分融洽,最后我们完美地完成了这次访谈任务。如果说要改进,我觉得利用午休的时间进行访谈时间太短了,导致了我们对用户了解还不是很充分。下次再有这样的任务,我们可以考虑分段进行。"

子问题2:这个玩具有什么特点?

◇ 实施步骤:学习必备的学科新知,完成分析玩具性能与构成材质的任务。

◇ 涉及的知识和技能:认识玩具材料,分析材料的来源以及废弃材料带来的问题;阅读分享、信息提取。

◇ 提供的学习支架:玩具材料分析表、阅读分享表。

1. 玩具材料分析

在用户画像环节,同学们已经开始考虑玩具材质问题,于是科学老师请同学一一罗列构成玩具的材料。这个环节激发了同学们的探究欲望,他们大多能分清塑料和金属,但容易混淆光滑透明材质的塑料和玻璃,这就牵涉到塑料的分类问题。为了能分清塑料的种类以及来源,大家在"地球、矿物和材料"章节搜寻线索,为每个玩具都撰写了一份材料分析。(见表8-7)

表8-7 学习工具:玩具材料分析表

玩具	材料	补充信息	材料来源	废弃材料引发的问题
惯性小汽车	合成橡胶铁塑料	1. 由于这种小车产量大,价格便宜。这轮上的橡胶不是天然橡胶,应该属于合成橡胶的范畴。 2. 内部的传动结构除了车轴是金属材质外,其他都是塑料,属于聚苯乙烯。 3. 金属表面有锈斑,可以被磁铁吸引,初步分析该物质是铁。另外车轴光亮应是电镀所致。	*塑料是石油分馏后的提炼物。 *合成橡胶是石油分馏后的提炼物。 *金属缘于矿石开采冶炼。	玩具从买来到丢弃最多2—3年的时间,导致的自然资源浪费是突出问题。玩具属于可回收物,应被合理利用。但通过观察发现,小区居民丢弃的玩具还是被归类到干垃圾里。干垃圾主要用于焚烧或者填埋,对环境有一定影响。

2. 阅读井字游戏

玩具再生项目的小工程师们除了学习必要的学科知识和技能外,还需要补充更多的专业知识。项目实施正值劳动节小长假,同学们分工阅读了《玩具设计师》《玩具设计与制作》《W. KONG 的七十二变:潮流玩具设计灵感集》《旧物改造》《电子玩具设计与制作》等专业书籍。以下是偲辰同学在自行学习了《玩具设计师》《旧物改造》《玩具设计与制作项目教程——从小机构到大神奇》三本书后进行的笔记摘录。(见表 8-8)

表 8-8 学习工具:阅读井字游戏①

猜猜	读读	想想
我猜这些书的主要内容是: 1. 教你如何设计。 2. 毛绒玩具如何改造? 3. 基本的制作步骤。	我在阅读的过程中,发现了: 1. 多样化的玩具制造材料; 2. 被人忽略或忘记的旧物经过自己的再设计与创造,变为另一种风格。	读了这几本书后,我还想了解的问题是: 1. 如何在小区里开展旧玩具收集,请大家共同参与"玩具再生"? 2. 玩具改造后能让我们收获什么?
提炼	**概括**	**收获**
主要章节是:玩具创意设计的关键点。 理由:要让自己的作品有创意,首先它的设计是非常重要的。只有抓住了创作的核心,才能进入创作,这样才会有理有据。	我来概括一下基本大意: 赋予旧物新的生命与灵魂,让制作者在创造过程中充满愉悦与感动,让使用者获得情怀与感动。	读完这几本书后,我学到了: 1. "小结构到大神奇"让我领悟到团队合作的重要性,看似简单的物品制作其实需要大家合作才能完成。 2. 有些美并不贵,但意义深刻。
联系	**观点**	**联结**
发现书中的内容与我的生活/周围的世界有以下的联系: 创意设计与我们的生活学习息息相关。小到学习计划表的设计也是很好的实践。	我的观点是: 无论什么旧物都能通过我们的双手创造出更有意义的物件。看似平凡普通的旧物都需要我们发觉其中的美。	书中对我的项目有用的是: 让我在制作环节中更有条理,从设计到制作一步步来,最后完成作品。

子问题 3:我们能从成熟的解决方案中提取哪些有用的信息?

◇ 实施步骤:广泛搜寻各方信息,结合自身任务特点,提取能为己所用的相关要素。

---

① 阅读井字游戏工具改编自吴萍,易菀兰,刘潇. 跨学科项目经典案例:太空探索"家"[M]. 北京:教育科学出版社,2021:25.

◇ 涉及的知识和技能：资料收集、分析提炼。

◇ 提供的学习支架：搜集相关案例视频和文案、信息梳理表。

用什么方法来完成用户的改造要求呢？有同学提出能不能找一些与任务相近的案例来学习下，看看别人都是怎么做的。于是指导老师把同学们带到了学校机房，各小组开始搜集成熟案例的具体做法，再结合各自的任务进行梳理分析。

绒绒小组的改造任务是修复毛绒玩具的缺损部分，于是他们在网上找到了两个视频分别是"修补熊耳朵"和"破洞完美修复"，学习视频后梳理出三点有用的信息：最好选择与玩具颜色相同的线；修补针法要一致；修补前后需要对玩具进行清理。

子问题 4：我们最终采用的再生方案是什么？

◇ 实施步骤：收集奇思妙想、确定设计方案、绘制设计草图。

◇ 涉及的知识和技能：绘制标准设计图、撰写方案。

◇ 提供的学习支架：头脑风暴法、议事规则。

在讨论最终再生方案的时候，由于大家都认为自己的办法最好，于是导致了讨论场面一度非常混乱。指导老师请大家暂时停止讨论，并发布了一个新任务"议事规则"：同学们需要现场讨论怎么发言，怎么表决，遇到矛盾怎么处理，以及违反规则的惩罚措施，等等。有了这个议事规则，决策就容易多了。

再生方案到底怎么写呢？好几个小组第一稿方案交给老师后被退了回来。同学们只好自己想办法检索方案的基本要素，看看别人的方案是如何撰写的。绒绒小组找到了目标、实施步骤、所需材料、具体分工这些关键要素后，对原先设计的初稿进行补充修改（见表 8-9）。他们发现原本的方案只有简单的 6 条最多只能算是设想，修改后的方案条理更加清晰了。

表8-9 小组方案前后对比

第一次制定的方案	第二次制定的方案
1. 穿衣服 2. 能解压 3. 加上妆容 4. 需要设计图 5. 要缝纫 6. 要采购一些布料	◆ 再生目标： 为毛绒玩具设计造型，并增加其减压的功能。 ◆ 实施步骤： 1. 清洗毛绒玩具，使其恢复原貌。 2. 设计两款改造造型图。 3. 与委托人沟通，请其选择心仪的造型图，修改满意后实施。

续　表

第一次制定的方案	第二次制定的方案
	4. 采购所需材料，准备工具。 5. 改造制作。 6. 修改和调整。 ◆ 所需材料： | 材料	数量	获得途径
---	---	---
布料	2块	购买或裁剪旧衣服
针线	2色	自带
史莱姆	1个	购买
橡皮筋	1根	自带
剪刀	1把	自带 | ◆ 具体分工 | 成员	任务
小宋	裁剪和缝制
小吴	画设计图、与委托人沟通
小王	购买材料、画设计图
小杨	裁剪和缝制、清洗	

完成方案后，各小组都进入了绘制设计图的环节。可是为什么要制图，怎么制图呢？美术学科的唐老师带来了各式各样的设计图，请同学找一找它们的相同点。同学们明白了制图在设计中的重要意义，作为设计师，首先要通过制图把自己的想法呈现出来，让用户有直观的感受，才能让后续的工作有据可依。于是大家开展构图、草稿描绘、征询意见、修改确定方案、制图、制作一系列流程，通过这些步骤学会了绘制玩具改造设计图（见图8-1）。在设计间隙，各组还找来了委托人为其设计提意见。

子问题5：我们是如何实现"玩具再生"的？

◇ 实施步骤：选择合适的材料和工具，学习制作技能，完成产品制作。

图 8-1 绘制设计图

◇ 涉及的知识和技能：玩具材料的选择和裁剪、电动材料的安装、工具的合理使用。

◇ 提供的学习支架：劳动工具和材料。

终于可以动手制作了，但信心满满的同学活动伊始就迎来了各种挫败感：材料凑不齐，螺丝拧不开，导线不会焊接，部件无法粘连，等等。总之，一到动手各种问题都出来了。

虽然平时劳动技术课上学了点技能，但这点本领好像根本不够用。指导老师发现同学们的确遇到了困难，比如螺丝刀形状大小不合适导致无法拆开玩具，有些部件需要熔掉焊接点但又缺少工具，有小组不知道用什么粘合剂合适，最离谱的是有个小组竟然拿错了电池型号。急需求助的同学们把劳技老师请到了课堂，几个同学凑在一起迫切地学习各种技能，他们把热熔胶枪的使用、焊接、装卸电池、选择合适的螺丝刀、缝纫打结都学了个遍。技能和工具问题都一一解决了，大家离出成果也只有一步之遥了。

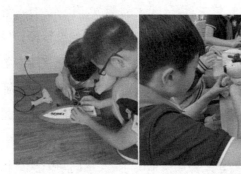 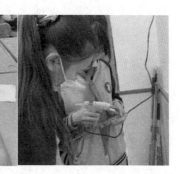

图 8-2 实施改造计划

子问题 6：如何让委托人认同我们的成果？

◇ 实施步骤：进行产品测试，听取意见修改完善；准备成果发布会，做好汇报准备。

◇ 涉及的知识和技能：海报的绘制和展示柜台的布置。

◇ 提供的学习支架：意见征集表。

做好的成品就这样拿给委托人吗？我们要不要办个什么仪式？经过商议大家决定举办一次大型的产品发布会。但要在发布会上成功获得委托人的认可，先要让产品和委托人见见面，请他先提修改意见再继续完善。通过反复的接洽和磨合，最终各小组完成了"玩具再生"作品（见表 8-10）。

表 8-10 玩具改造成果（部分）

改造前	改造后	改造前	改造后
缺乏新意，被冷落。	修补了裂开部分，并为玩具设计了新造型。	无法使用。	焊接了脱落点，改变外形色彩。

制作一张介绍海报也不是件容易的事。在海报设计课上，同学们得知海报设计也是一门专业。它是一种大众化的宣传工具，形式生动活泼，有号召力与艺术感染力。大家参考了美术老师收集来的海报样张后，拿出了当初的设计图、方案、用户画像开始制作各自的宣传海报。好不容易把海报制作完成了，可软塌塌的纸怎样才能立在课桌上？好多同学都犯了难。就在大家一筹莫展的时候，先前那组抢着超前制作的男生想出了好办法。只见他们把多余的纸板切割开，用热熔胶把支架稳稳地粘合在一起。看到这一幕全班都为他们欢呼！紧接着更多的小组也加入了制作支架的行列。站在一旁的指导老师偷偷地笑了，深感同学们越来越有问题解决的意识了。（见图 8-3）

图 8-3 制作海报与海报支架

(四) 出项

万事俱备只欠东风,各小组已经作好了充分的准备,他们正期待高光时刻的到来。产品发布会一共分成三场:专家评议、用户评议和观众评议。最让小工程师忐忑的事是专家会提什么意见呢?为了能及时应对专家刁钻的问题,各小组派出了表达能力强的同学来应对专家,还总结出每位专家的特点并尝试揣摩问题。(见表 8-11)

表 8-11 专家评议表　　　　　　　　　　　　　　(单位:分)

组别	考虑客户改造需求	设计图清晰规范	成果与设计的吻合度/仅用设计图呈现效果	应用学科相关知识	产品理念阐述合理	目标达成程度	微创新点	专家提问	总分
	20	10	20	10	10	10	10	10	100
1									
2									
3									
4									

专家提问建议:
1. 在项目实施过程中遇到哪些问题(困难)?
2. 是否考虑到用户的需求和意见,你们是怎么做的?
3. 小组的分工合作是如何实现的?是否有不合作的现象,又是如何解决的?
4. 你们争论最多的是什么?如何解决这些问题的?
5. 为了实现"玩具再生",你们掌握了哪些学科的知识和技能?
6. 你在这个项目中收获了什么?
7. 你们是否实现了闲置玩具的新价值?意义何在?

由于有了第一场面对专家的经验,在用户评议环节中各小组就显得镇定了许多。大家第一时间把委托人请到了展台边上,热情地向玩具主人介绍"玩具再生"的过程和成果。而那些玩具小主人们各个都仔细聆听,认真地评价,满意的笑容逐渐出现在了委托人和设计师的脸上(见表8-12)。

表8-12 魔法小组的用户评价

设计和改造符合我的需求	非常符合(✓) 符合( ) 不太符合( ) 很不符合( )
	具体描述: 完美地完成了我期望的要求。
我对玩具改造的满意程度	非常满意(✓) 满意( ) 一般( ) 不满意( )
	具体描述: 实现了我的愿望。
该团队的服务态度	经常沟通听取建议(✓) 偶尔沟通( ) 基本不沟通( )
	具体描述: 态度好,服务用心。
改造后的玩具你会如何处置	准备把这个改造后的仙女棒小夜灯放在书桌上,可以晚上睡前用。

(五) 反思与迁移

在反思环节中,同学们运用了反思清单来帮助小组共同回顾整个项目学习的历程。大家还对设计制作、用户沟通环节进行重点反思,发现评价高的项目大多与委托人联系紧密,每个步骤都有委托人参与决策或者得到认可后再实施。这

图8-4 面对专家

图8-5 面对玩具委托人

让同学们领悟到项目的主旨是为小伙伴进行玩具再生,自己的想法要获得玩具主人的认可才行。以下内容来自飞行小组的自我反思(见表 8-13)。

表 8-13 反思清单

项目名称:"玩具再生"	团队成员:(略)	
1. 在项目过程中遇到哪些问题(困难)? 玩具材料简单; 玩具飞机飞起来不持久; 大家坚持自己的意见。	4. 争论最多的是什么?是如何解决这些问题的? 给飞机上色和改装方法是我们争论最多的地方。由于我们都是男生,于是我们采取了投票的方法。	7. 你觉得参加这个项目"玩具再生"的意义何在? 能增进同学之间的友谊和感情,加强团队合作意识。 给自己另一种思路,不玩的玩具可以再次被利用起来。
2. 你们是否考虑到用户的需求和意见,是怎么做的? 我们考虑到了用户的需求和意见,并严格按照约定的要求去做。	5. 这个项目是否使用了美术、劳动技术、科学的知识和技能? 全部使用。	8. 除了你们小组外,你们认为哪个小组最成功? 我们觉得第二小组很棒!
3. 小组的分工合作是如何实现的?是否有不合作的现象,是如何解决的? 我们是按照组长统一调配进行合作的,因此非常完美。	6. 你在这个项目中收获了什么? 拓宽了视野,知道课堂里学习的知识和本领都是可以被运用的。团队合作能力加强了不少。	9. 用户是否满意这次的改造? 用户非常满意我们的改造成果。

偲辰同学在反思交流中代表小组发言,她说:"闲置物品是放错地方的资源,即使不被使用也拥有独特的价值。就拿闲置玩具来说,它们被生产出来就是为了能陪伴孩子们度过美妙的童年,让孩子们在玩玩具的过程中接触世界。如果能给闲置下来的玩具安排好去处就能让它继续发挥新价值。修复和再创造是一种体现新价值的方法,捐赠给更需要的人也是一种体现新价值的方法,当然,如果能在未来开设一家玩具博物馆,就能把大家心中的美好留存下来。'玩具再生'跨学科项目让我们对闲置物品再利用有了更深的思考。"

四、关键问题探讨

1. 打破学科界限,实现真实的问题解决

以"玩具再生"项目为例,创设的情境是请学生当玩具工程师,他们需要为身边的小伙伴真正维修或改造一件闲置玩具,让闲置玩具重新发挥价值。我们发现这个情境下的问题解决存在着各种可能性,由于玩具种类、功能、改造目标都不同,因此指向的问题解决路径也会不一样。这时老师是选择缩小范围把玩具类别统一起来,还是把改造目标统一起来?这些问题我们都考虑过,但如果这么做老师是舒服了,学生可能会由于受到限制而无法真正体验"真实"。真实世界怎么会让所有玩具都坏在同一处,所有用户都需要加上电动这一功能呢?于是一个原本只需要科学学科介入的项目,更"真实"地融入了道德与法治、美术和劳动技术学科,只有这种跨学科的思想才能让学生体会到真实问题的解决不能只用到单一的学科知识。跨学科项目将是一种发展的趋势,它能帮助学生更接近真实的问题解决,只有这样才能真正让学生心智成长。

2. 如何知道学生掌握了学科知识

"玩具再生"跨学科项目的主学科是科学,这门学科本身就是一门综合学科。除了七年级学生正在学习的"地球、矿物和材料"这一章节的知识和技能外,项目组根据各小组的改造需求还关联了电路连接、能源这些物理学科知识。要关注这些事实性概念掌握程度可以通过前后测来进行对比分析。本项目结束后一周举行了与前测相同题型的后测,结果显示学生能通过项目掌握新知,同时复习巩固旧知。

另外,项目组后期在七年级第一学期也尝试实施过一轮"玩具再生"项目,当时将单元定位在《电力与电信》这一章节,知识能力建构与电路改造紧密相接,指导老师还尝试设计了电路改造知识的相关评价指标。(见表 8-14)

表8-14　电路改造相关知识评价

评价点	关键问题	回答情况
记忆	串并联电路的区别是什么？	
理解	你具体设计了哪种电路？	
应用	将这个设计应用在玩具中可行吗	
分析	实际应用出现了什么问题？	
评估	这些问题是什么原因造成的？	

从评价表可以看出，老师不仅关注事实性知识的掌握，更对学生的高阶思维进行了考察。由此来看，项目化学习不仅能帮助学生识记事实性知识，更能促进学生对知识和技能的实际运用。学生只有在真实的场景中灵活运用知识，才算是真正掌握了这一学科知识。

项目 9： 生态连廊里的乾坤

课程类型 以及课时数	课程类型	年级	课时数
	科学	七年级	5（基础型课程）
	地理	七年级	5（基础型课程）
	生命科学	七年级*	8（拓展型课程）
所属学校	上海市徐汇中学		
设计者	高倩，曹骏骅		
实施者	高倩，曹骏骅		

* 说明：上海市初中生命科学的课程内容一般安排在八至九年级，本项目将八年级的部分内容安排在七年级校本拓展型课程中实施。

真实问题通常是复杂的，解决这些问题往往需要跨学科协作。教育部发布的《中国学生发展核心素养》中，将批判质疑、勇于探究、自我管理、问题解决能力放在了核心位置。2021 年上海中考改革增加了"跨学科案例分析"，以中学地理和生命科学课程标准为依据，考查学生在解决真实问题中信息提取与处理、问题分析与质疑、结论阐释与创新的能力。同时，中、高考录取工作也新增了"综合素质评价"，鼓励学生进行跨学科等多种项目化研究。这些改革和举措的统一目标都是为学生综合素质的养成、进而培养综合型创新型人才打好基础。因此，构建能够真正发展学生跨学科核心素养的教学方式显得尤为关键，而跨学科项目化学习正是达到这些目标的高效方式。本项目链接了初中生命科学、地理、科学的课程标准，以"生态连廊里的乾坤"跨学科项目化学习来培育学生的多元核心素养。

一、为什么做这个项目

徐家汇空中连廊景观是近几年徐家汇的重点建设项目，位于徐家汇商圈的核心地带。生态连廊不仅承担了人车分流的交通功能,而且承载着重要的公共文化功能,景观设计的合理性、观赏性、生态价值等都有重要的研究意义。

连廊工程就在我校周边,师生们每日见证其建设过程,目睹了一花一草一木从无到有,自然而然地就引发了对创建城市生态景观的思考。如何把学生们大量却零散的想法转化成可供研究的课题呢?为此,"生态连廊里的乾坤"项目组做出了大胆尝试:以学生为中心,以徐家汇空中连廊建设为情境,以一系列挑战性问题为驱动,以提供有效学习支架、激发学生持续性探究为路径,以展示性成果为导向,率先面向我校七年级学生开展。

本项目依据我校"科创特色"背景下的学生培养目标,对六、七年级的地理和科学、八年级生命科学的学科核心素养的要求进行了统整,选取了各学科中的交叉主题"城市生态"为大概念。七年级的学生已经经历了一年地理课和科学课的学习,具备了一定的专业知识和科学探究能力,同时对生物与环境的相关问题充满好奇心。其中一些问题虽然是八年级生命科学有关植物学和生态系统的内容,难度不高,但七年级的学生能够做到自主学习。同时综合衡量了学生的课业任务安排之后,最终决定在我校七年级开展实施,学生如果在经历七年级第一学期的项目化学习之后,还有进一步探索和研究的需求,则可以在七年级第二学期或八年级继续开展。

项目化学习虽然主要在校园中开展,但我们更希望能通过项目联系学校以外的世界,促进学生对现实世界的思考、决策和行动,达成学习的"真实感"和"意义感"。当今社会,人类面临着前所未有的发展和挑战,学生们需要经历项目化学习来帮助他们理解和参与这个不断变化的世界。本项目的最终意义和价值正是尝试带领学生面向世界、面向未来。

二、项目设计

(一) 项目目标

1. 跨学科核心概念

城市人工生态系统中的生态学原理和工程学方法

2. 知识与能力目标

(1) 科学：主要基于《人与自然的协调发展》(七年级第二学期)相关内容的学习，部分涉及《面向生物世界》(六年级第一学期)相关内容的复习和深化。具体教学目标如下：

- 知道环境对植物生命活动的影响，植被对土壤等有保护作用，解释常见自然现象。
- 通过观察和分析常见生物的生活环境，感知生物对环境的适应。
- 养成科学探究的习惯，掌握收集处理信息的技能，掌握用科学语言表达和交流的技能。
- 保持对自然的好奇心和求知欲，提高保护环境的意识，建立人与自然和谐相处的观念。
- 关注科学、技术和社会的发展对环境的影响，初步认识社会需求是促进科学和技术发展的强大动力。

(2) 地理：主要基于《乡土地理》(七年级第二学期)相关内容的学习，部分涉及《地图的语言》(六年级第一学期)、《多样的气候》《城市环境污染与防治》(六年级第二学期)相关内容的复习和深化。具体教学目标如下：

- 深入理解地图的三要素、气候的要素、气候与生物的关系。
- 举例说明地理因素对生产和生活的影响，理解地理规律。
- 培养地图绘制能力、小尺度区域的认知能力、各要素之间关系的综合思维能力。
- 培养数据采集、实地调查、归纳地理特征的能力，培养创新意识和地理实践能力。
- 关心家乡的环境，初步形成因地制宜的意识。

(3) 生命科学：主要基于《生物的主要类群》《生态系统》(八年级第二学期)相关内容的学习和应用。具体教学目标如下：

- 知道植物分类，了解上海常见园林植物及栽培方法，了解科学技术在生态建设中的应用。
- 知道生态系统，了解城市生态系统的特点，知道城市环境因子及其指标，了解城市绿地。

- 列举生物之间、生物与环境之间的关系,探究绿化及局部气候改善相关方法。
- 通过推理、分析、综合、判断等思维活动,解决复杂生态系统中的问题。
- 懂得尊重生命,欣赏生命之美,树立人与自然和谐共处的生活理念。初步形成对自然界的整体认识和科学的世界观。

3. 高阶认知

(1) 问题解决:学会解决结构不良的问题,针对连廊生态景观设计的总任务,拆解出子任务并主动解决;通过头脑风暴等,碰撞出解决问题的方案,深入探究如何改善城市生态环境。

(2) 创见:激发兴趣和想象,通过形成连廊生态景观的设计作品,培养创造力;学会从科学性、美观性、可行性等多维度衡量设计作品,并不断改善。

(3) 调研:实地调查和评估徐家汇空中连廊的生态现状和地理因素,学会收集信息;网络搜集上海市气候条件、上海常见园林植物等信息,学会信息筛选及管理利用。

(4) 决策:学会观点的表达,提升批判性思维,增强成就感;学会在合作中生成连廊生态景观的设计理念、设计方案、最终成果的展示方式。

4. 学习素养

(1) 探究性实践:像设计师一样思考,培养科学审美,发展多元思维;运用跨学科思维,解决生态景观设计中的问题,培养成长型思维。

(2) 社会性实践:像心理师一样倾听,能够整合多维度的信息,友好地与他人交流、合作、共享;像演讲者一样表达,在头脑风暴或展示环节合理表达、正确解释,以达到预期。

(3) 调控性实践:像CEO一样管理,能够拆解任务,合理计划,协调组内成员,如期完成任务;主动投入学习,并有效利用时间,不害怕挑战和出错,善于修正和迭代。

（二）挑战性问题

1. 本质问题

如何保护和改善城市生态环境？

2. 驱动性问题

徐家汇空中连廊2023年就要全面建成并投入使用了，生态景观的设计也要同步完成。因为空中连廊的规划设计与周边的商户、学校、居民区都有关系，所以每家单位都将参与到连廊生态景观的设计，旨在帮助徐家汇这个"老牌"商圈尽快转型为"新风尚"商圈。假如你们是代表我校组建的团队成员，如何帮助团队完成连廊生态景观的设计呢？

三、项目实施

（一）入项

"你们知道徐家汇空中连廊项目吗？"当教师向全体学生询问时，学生们都纷纷说起了自己的见闻和想法。随后，通过观看徐家汇空中连廊的视频简介（来源于网络资源），学生们了解了空中连廊在城市规划中的重要地位，知道了目前已完成了一期工程，二期、三期的建设还在紧锣密鼓地展开。短片中也包含了部分市民对生态景观现状的评价和憧憬。

"市民们对生态连廊有很多期待。作为连廊周边社区的一员，我们可以做些什么？"学生们迅速意识到：作为连廊周边社区的成员，"徐家汇生态"与我们息息相关。有些同学甚至感叹道：我们肩负着"振兴徐家汇"的重任，我们要为徐家汇从"老牌商圈"转型为"新风尚商圈"出谋划策。

当教师公布驱动性问题后，学生们知道了本项目最终是需要分组完成一个城市生态景观设计作品。但是"生态景观设计"是大家都非常陌生的领域，该如何入手呢？"我们上网查查资料吧。""听说过园林设计，估计有相似的学习内容。""我去参观过花博会，是不是和里面的花展设计差不多？"同学们的头脑风暴又开始了，大家一边交流、一边按兴趣完成分组。随后教师引导组长带领组员构思本组的设计理念和目标。

在师生共同听取了各组的初步设想之后,同学们又开始交流起来。有的设想被评价为"太简单了,没什么创意。"有的设想被评价为"太天马行空了,根本不可能实现吧。"同时教师还提醒大家不要忘记生态连廊的"生态使命"。经过一番思考与讨论,师生一致认为在暂时不计算工程成本的前提下,最终的生态设计作品至少要满足以下三个要求:

- "标志性亮点"——将连廊打造成徐家汇的一个"icon",吸引更多市民前来"打卡"。
- "环境适宜度"——植物的配置要适应空中连廊的区域环境、符合连廊功能的需求。
- "可行性维护"——生态连廊的景观要有植物养护、病虫害防治等可行性维护措施。

这三点要求既是引领学生们深入项目的钥匙,又是学生们自我评价的标尺。

(二) 知识与能力建构

要想如期达成最终任务,首先需要将其拆解为若干子任务。为了更好地帮助学生完成任务拆分,教师引入了生活中较为常用的"5W1H"思考工具,并强调了"拆分时不重复、拆分时不遗漏"两大原则。首先,由小组内自行讨论出需要达成的子任务和可能实现目标的路径。然后,小组间进行交流和比较。最后,全班共同决定将总任务拆分成三个依次完成的子任务:

- 子任务1:调查连廊生态现状　绘制连廊景观地图
- 子任务2:了解城市绿地系统　建立植物电子档案
- 子任务3:结合区域气候特点　设计连廊生态景观

根据对各阶段任务难度的评估以及综合教师的建议,学生们最终列出了本阶段的时间计划:本阶段共10课时,1课时已经用于任务拆分和统筹计划;4课时完成子任务1;3课时完成子任务2;2课时完成子任务3。当然,计划表可以根据实际情况不断调整。

在包含具体学习任务的大情景下,教师还提供了一系列"问题支架",成为学生深入本次项目化学习的向导,激励学生主动达成知识与能力的建构。

子任务1:调查连廊生态现状 绘制连廊景观地图

基于问题解决的项目化研究也更能够帮助学生建立研究路径和研究方向。"徐家汇空中连廊在哪里?能在地图中指认它的位置吗?连廊是如何布局的?在连廊中你观察到哪些景观?什么是生态景观?如何绘制景观地图?"通过一系列问题的解决,学生迅速进入到地图知识和生态知识的搜索和学习中。

实地调查活动能够有效提升学生的观察力和实践力。徐家汇是学生们熟悉的生活场所,平日对其中的植被、绿化景观有一定的感性认知,但很少会注意到景观的布局情况、思考景观的具体功效。在本阶段,学生带着研究的视角重回徐家汇空中连廊,带着问题进行实地调研。项目实施过程中,"地图、气候、城市环境、生态系统"等抽象的概念和原理通过与情境的结合变得形象,既丰富了学生的感性认知,又促进学生从感性认知转向理性思考。

本阶段教师还提供了"工具支架"。地理老师组织学生开展基于 ArcGIS 的徐家汇电子地图绘制活动,引导学生在绘制地图的过程中加强区域认知,加深对空中连廊位置和布局的认识,为后续进行连廊生态景观设计打下基础。在活动过程中,学生们兴趣盎然,主动讨论地图的绘制原理以及规范的地图表达,加强了读图、绘图的能力。生命科学老师组织学生开展植物调查活动,引导学生使用微信小程序"科艺植物科普""识花""形色"等,记录和整理植物的信息。学生们学会了植物的分类和命名的知识,收集了相关图文数据,为后续建立植物电子档案做好铺垫。

本阶段主要对学生进行了两个方面的评价。一是评价学生是否能够开展连廊生态现状调查,初步探究其"生态使命";二是评价学生是否能够运用 ArcGIS 软件绘制一张徐家汇空中连廊的景观地图。评价量表如表 9-1、9-2。

表 9-1 连廊生态调查表

调查内容	结果记录	需要改进之处	互评	师评
生态连廊绿化面积和比例是否满足需要(10分)				

续表

调查内容	结果记录	需要改进之处	互评	师评
生态景观是否缺乏"标志性亮点",是否缺乏文化性、吸引力(10分)				
记录生态景观中的植物种类、名称,植物布置是否得当(10分)				
垃圾桶、灯柱等基础服务设施与整体景观和环境是否协调(10分)				
游客、周边社区成员对连廊景观的满意度,最欣赏或不满什么(10分)				
总分				

表9-2 地图绘制评价单

评价内容	自评	互评	师评
地图中的比例尺能反映地图的缩放程度(10分)			
地图中的指向针能反映地图的方向(10分)			
地图的图例和注记标注准确(10分)			
地图正确反映了连廊中的景观布局情况(10分)			
地图整体设计美观、清晰(10分)			
总分			

子任务2：了解城市绿地系统　建立植物电子档案

"为何要在空中连廊中进行绿化？什么是城市绿地系统？城市绿地系统有哪些职能和功效？怎样的组合才是你心目中的'icon'？还有哪些上海常见园林植物可以丰富连廊中的植物景观？它们具备哪些生态价值？"基于这些问题支架,学生开展项目化研究就不会毫无头绪,能够迅速以独立搜集资料和合作学习等形式,达成跨学科项目化学习目标。

在本项目中,学习城市绿地系统的知识并不是最重要的,重要的是初步尝试"生态学思维"(由一般系统论创始人贝塔朗菲提出,也称为有机论思维或群体思维)。生物体不能与环境分开,生命是有机体与环境统一的整体,生命在与环境相互联系和作用的过程存在、发展和表现。这种思维方式不仅在生物学领域,而且对各类系统的认识具有普遍方法论的意义。

优秀的作家能下笔千言,是因为长期坚持阅读和笔记,储备了大量的"零件"。设计作品能够生成,也是因为设计师勤奋地观察和学习,拥有了大量的思维组件。因此,生命科学教师一方面指导学生自主上网了解景观设计的内容,并提供一些书籍和文献资料,辅助学生做好知识和能力的建构。另一方面引导学生构建自己的"植物电子档案",积累景观设计的"零件"。

在本环节中,学生以"将连廊打造成徐家汇的一个'icon'"为出发点,在结合连廊现有的植物类型的基础上,进行"标志性亮点"设计。首先,学生将实地调查的图文数据归纳整理成"植物电子档案",格式不限,可以是 PPT、EXCEL、WORD 等,但要便于修改和提取应用。随后,鼓励学生上网拓展更多信息,重点关注植物形态、生长特性、生态价值和养护方法,将"植物电子档案"补充完善。最后,各组围绕本组设计理念,进行初步构想,继续拓展搜集更多园林植物种类,让"植物电子档案"更充实、更个性化,从而使未来的设计更科学、更具创意。在活动中,学生的探究能力和协作精神得以提升,知识和技能显著提高,为后续的设计成果筑牢了基础。

本阶段主要评价学生是否能够生成一份完备的植物电子档案。评价量表如表9-3。

表9-3 植物电子档案评价单

评价内容		自评	互评	师评
上海园林植物的调查真实、全面,目标围绕"标志性亮点"的设计。(5分)				
植物电子档案完整度高,内容科学。(共25分)	包含植物分类、命名(5分)			
	包含形态结构特征(5分)			
	包含生长习性特点(5分)			
	包含养护措施(5分)			
	各季节图片完备(5分)			

续 表

评价内容	自评	互评	师评
电子档案的格式合理,条理清晰,便于查询。(10分)			
小组注重合作,全体组员共同参与完成。(10分)			
总分			

子任务3：结合区域气候特点　设计连廊生态景观

"连廊生态应该具有哪些功能？现有功能、所缺功能有哪些？作为规划师,你会如何布局连廊中的生态景观？结合上海市气候特点,如何优化徐家汇空中连廊的生态景观？相关成果如何呈现？"该阶段的核心任务是结合上海市气候特点,设计连廊景观,并进行初次展示。

但设计想法如何呈现呢？学生们提出希望老师先"打个样"。

经过思考,一方面为了帮助学生形成较为完善的成果和评价标准,另一方面为了更好地激发学生的创意,教师决定提供一个"不完美"的"范例支架"——呈现一份以"羽毛枫"为主题的设计成果PPT,请学生们打分和评价。羽毛枫是空中连廊里的标志性植物,从日本引种至上海,树形漂亮,环境耐受性高。

通过教师提供的"范例",学生初步了解了设计成果的一般呈现方式,明白了如何融会贯通地运用景观地图、气候数据、植物档案。同时通过评价该作品的优点,学生们意识到植物的选取应力求丰富和新颖,因此个别组的"植物电子档案"还应该进一步补充,完善各种植物的形态细节和生态价值等。

当然,也正是因为这个范例的"不完美",让学生们看到很多"问题",形成了一些"经验"。比如选取的植物太过单一,羽毛枫在一年四季里并不都是那么好看,某些季节里做主角并不适合,还需要其他替补植物。再比如整个连廊范围过大,而教师的设计连基本的向阳和背阴地带都没有分开。又比如上课的当天正好遇到了台风天,学生们就提出了树形高大的植物是否能应对台风天、植株矮小的植物是否能适应暴雨天等可行性问题。

通过学生们的讨论,大家发现：单凭一个小组在短时间内完成连廊全区域、全年度的设计,难度过大。所以设计作品的呈现被进一步优化为：完成"一个特定区域、一个特定季节、一套配套设施"的空中连廊生态景观的设计作品,要有创新理念介绍和可行性分析。教师建议小组采用评价量表,用于自测和优化。评价量表如表9-4。

表9-4 生态景观设计作品自检表

评价内容	评分	理由	改进
景观设计满足_____区域(5分)			
景观设计满足_____季节(5分)			
景观的科学性(10分)			
景观的美观性(10分)			
景观的创意性(10分)			
配套设施安全性(10分)			
总分			

图9-1 学生项目化学习剪影

(三) 成果修订与完善

本阶段的关键目标是引导学生反思自己的设计,避免错过关键细节,进一步完善和优化设计方案,逐步感悟真实项目的复杂性和系统性。

项目进行到这一阶段,教师发现学生作品在"标志性亮点""环境适宜度"的达成度较好,但普遍对"可行性维护"有忽视。植物的养护、病虫害防治是七年级学生比较陌生的话题,学生往往只有"浇水、施肥、排涝、抗旱"等感性认知,缺乏如何减少污染、资源再利用等理性思考,更缺乏利用科学技术保护城市生态、实现绿化功能最大化的意识。

那么,如何联系学生的现实生活,帮助学生感悟这项工作的重要价值呢?

通过积极寻找,生命科学教师找到了在上海的"法国梧桐"这一素材。法国梧桐也叫二球悬铃木,是上海常见的行道木,承载了很多情感记忆,甚至是海派文化的一种关键元素。但每年四到六月,悬铃木果球上的毛絮成为城市环卫工作的难题,这些"飞雪"还会让不少市民感到困扰。如何治理这些难题呢?学生们积极查阅资料,了解到夜间集中吹落和清扫、人工修剪枝条及果球、喷施"悬铃散"等药物、人工杂交培育"无毛"新品种等方法。

同时通过深挖素材,学生们还关注到悬铃木的常见虫害有方翅网蝽、美国白蛾、天牛等,其中很多害虫并非上海原有物种,那么它们是如何入侵上海的呢?又该如何防治呢?生命科学教师鼓励学生打开思路,综合研究外来入侵物种的问题。通过这些研究的不断深入,学生们逐步探索了植物养护和病虫害防治的目的和方法,为做好生态连廊景观维护的预案措施打下基础。

同时,2021年5月至7月,第十届中国花卉博览会在上海市崇明区举行,这一全球盛会也变成了我们了解城市生态建设和保护的又一次难得的机会。"花博会"的背后离不开高科技的加持,尤其是对于花期未到、花期较短、养护困难的花卉,如何在为期一个多月的盛会上展示出最佳姿态呢?通过对这些问题的探索,学生们体验了利用温、光、水、肥调控以及植物激素精准导入的花期调控实验,对此纷纷感叹道"仿佛打开了新世界的大门"。

最终,学生们分别对自己的设计进一步完善了预案措施。比如定期检查土质和更换土壤;喷洒对人类无害的杀虫剂,利用灯光捕虫;利用生物技术培育抗旱、抗虫、耐寒的新品种;用特殊的"纳米纤维膜"覆盖根系、防晒防虫等。虽然学生们所提出的解决措施很多还只是初步设想,在本次项目化学习中来不及实验验证,但他们表示愿意将此作为今后自主探究的课题。

(四)出项

本阶段,各小组需要提交驱动性问题的最终答案。设计成果可以包含PPT、文字报告、手绘小报、实物模型、短视频等,形式限制较为宽松,鼓励学生以多样的方式完成创意展示。在最后两堂"生态连廊里的乾坤"项目化课堂中,每个小组都登台展示,并得到了两位教师和其他组的打分评价。

学生们的成果在"标志性亮点""环境适宜度""可行性维护"三个方面做了充分展示。有的小组进行了以樱花为主题并配合樱花糕、樱花茶、樱花书签等文创活动的春季景观设计;有的小组呈现了以多肉植物为主题的打卡活动,还设计了月见草、驱蚊草、捕蝇草的夜游景观;有的小组展示了"秋之韵"为主题的造型花展设计,"冰菊秋月""金桂飘香""海棠韶华""粉黛海洋"等设计颇具意境;有的小组以爬山虎、绿萝、蔷薇花、紫藤花、凌霄花等花墙为主题,表达了利用生态景观吸收噪音、吸滞尘土的设计理念。在最终汇报中,学生们能够综合运用之前的调查数据和结论,将气候、生态与人类活动相联系,并且展现了不同的创意,有亮点和特色,有理有据,可行性高。

好的研究成果首先是完整详实的,包括植物电子档案、作品设计图、研究报告、汇报 PPT、研究过程的照片记录等。其次,这些成果不仅运用了生命科学和地理学的核心知识和技能,而且打破了学科之间的壁垒,指向了问题解决、合作、设计创意等重要的跨学科素养。本项目化学习的结果性评价量表如表 9-5。

表 9-5 "生态连廊里的乾坤"项目化学习成果综合评价表

	评价内容	自评	互评	师评
科学	设计作品中的比例尺、指向针能反映地图的缩放程度和方向。(10 分)			
	设计作品的图例和注记标注准确,正确反映了连廊中的景观布局情况。(10 分)			
真实	连廊环境的调查真实详尽,描述了气候特征(包含气温和降水量及其他),有图表文字信息支持。(10 分)			
	连廊生态的调查真实详尽,建立了完善的"植物电子档案"。(10 分)			
全面	开展了生态景观设计的可行性分析,植物种类选择合理,所设计的景观符合科学性和安全性。(10 分)			
	分别经历网络查询、现场调查、文献调查等多种研究方式,生态景观方案有进一步优化。(10 分)			
合作	具备良好的合作意识,主动承担组内分工,能够有所成长,体现个人价值。(10 分)			
美观	生态景观最终设计成果可视化,具有美观性。(10 分)			

续 表

	评价内容	自评	互评	师评
创新	生态景观最终设计成果有亮点、具有创新性。（10分）			
	整体设计方案缜密而富有创意，符合设计意图，并能得到相关专家的认可。（10分）			
	总分			

部分研究成果展示如下：

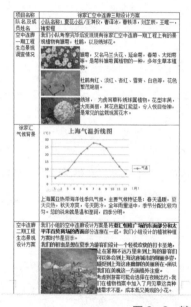

图9-2 某个小组的研究报告(部分)

（**点评**：该小组的特色在于首先考察了空中连廊一期工程的生态景观现状，评价了现有的植物，然后择优纳入了对二期工程的生态景观设计，可行性高。新添加的几种植物生命力旺盛，美观性好，养护方法简单。该方案综合了上海市气温和降水等环境因素，提出了夏季设计方案，但所选气候数据是上海市的大气候，对徐家汇空中连廊的微气候尚未深入考量。）

图9-3 某个小组的PPT(部分)

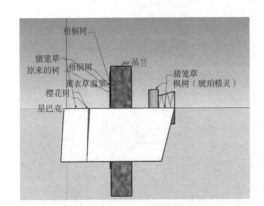

(点评：该小组的研究内容较为全面，包含了连廊生态现状、连廊二期设计图、方案可行性分析、维护预案等，每一部分均较为规范，可操作性强。PPT的制作简明大方，清晰阐述了设计理念。但是每项研究尚不够深入，设计尚缺乏足够的创意。)

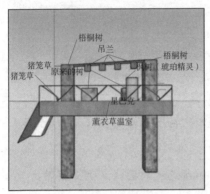
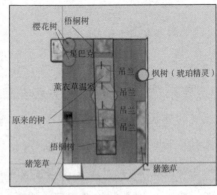

图9-4 某个小组的设计图

(点评：该小组的特色在于生态景观设计图的绘制，不单单是平面分布图，还有立体空间排布图，配套设施的设计较完善。植物种类新颖、搭配美观，从棚顶上悬垂下来的吊兰、猪笼草,突出了连廊的特色,符合连廊的遮阳、避雨等功能。)

学生成果虽然各有千秋,但能够共同折射出学生的成长与进步:经过本轮项目化学习,学生的知识、能力、高阶认知和学习素养都有了明显提升,学会了以生物—地理跨学科视角,解决身边的真实问题,深刻地领悟到即使在"寸土寸金"的徐家汇,也是既要"金山银山",又珍视"绿水青山"。

(五) 反思与迁移

本阶段,教师引导学生利用"我学到的(知识和技能等)+我喜欢的(课程安排等)+我遇到的问题(已经解决或仍未解决)+我的愿望(希望老师、同伴或自己改进的部分)+我未来要研究的(成果完善或新的课题)"反思路径,对整个学习过程、学习成果进行了反思,也对课程的设计和组织进行了反馈。

1. "我学到的"

学生掌握了很多知识和技能,集中体现在这些关键词:地图绘制、植物分类、生态系统、信息搜索、撰写报告等。很多学生感叹:通过这次跨学科项目化学习,他们似乎理解了怎样才能成为优秀的"设计师",任务的分解、问题的解决、创意的想法都依赖于反复的积累,把常见的"零件"都做到心中有数,才会知道可能有哪些组合。即使不能将所有"零件"都预见到,即使永远有新情况出现,只要积极学习、反复总结,就能做到游刃有余。

2. "我喜欢的"

学生对课程组织安排也是各有所爱:实践调查、头脑风暴、作品展示、自由分组、自主学习、师生评价、迭代修改等。学生们青睐更加生动、更加民主的课堂组织形式,多种多样的课程安排能够激励学生更有动力去解决问题,真诚友好的氛围能够帮助学生学会面对质疑和挫折。

3. "我遇到的问题"

学生遇到的问题主要有:学习过程存在拖沓,没有按时完成任务的情况;个人能力有差异,难以合理分工,部分学生成就感不强。因此,教师在以后的活动组织中应注意:合理安排课堂时间,给学生充分的学习和探究时间;灵活实施,鼓励学生尽量在当堂课完成全部活动,完成不了的可以课后进行,但必须规定时间上交活动记录表，不影响下节课；关注有困难的学生，为他们提供针对性的指导。

4. "我的愿望"

学生的愿望主要为：提升思维模式，提高自身的能力；获得关于 PPT 制作等信息技术的指导；增强同伴之间的理解和沟通；希望教师能提供更多新颖的学习支架，开发系列化的课程；希望开展更多校外实践活动；希望作品能够呈现给行业专家，甚至在空中连廊中真正实施。

5. "我未来要研究的"

学生未来的研究计划主要有：如何设计停车场树林、屋顶绿化区？如何完成徐家汇生态景观的全方位规划？如何借助 3D 打印等多种技术增强设计成果的表达？如何利用实验探究生态景观的具体功效？

真正好的项目化学习能够触发学生的思维，触及学生的心灵，让学生感受到知识的温度，感悟到知识的用途。虽然"生态连廊里的乾坤"本轮项目化学习已临近尾声，但相信学生们再遇到城市生态景观会有不一样的感觉，他们定会走近这些生态景观，以更广阔的视角观察各种现象，以科学的方法分析疑难问题，跃跃欲试地去探究其中的奥秘。

四、关键问题探讨

经过一轮完整的实施，学生的批判性思维、自主学习能力、交流和合作能力、问题解决和创造能力等综合素养得到了显著发展。本项目从规划设计到落地实施，历经了一个学年，经过专家老师的深入指导，执教老师不断修正驱动性问题的逻辑结构、任务的难度、学生活动的形式等，最终获得了上海市优秀案例的殊荣。

（一）项目化学习成功的关键点一：真实

1. 选题真实，创建真实的情境

现实生活是教学的源泉，是科学世界的根基，教学只有联系生活，走进生活，才能使人真正体验和理解知识的内在价值和意义。知识和技能往往在情境中生成和显形,情境虽然是创设的,但要努力联系学生的现实生活,充分利用学生真实的经验,将其作为教学的起点,让学生在鲜活的生活中发现和明白学习的价值。

2. 倾听学生,让学习真实发生

本项目的设计始终围绕如何激发学生学习的动机,如何让学生主动提问、主动解决问题,激励学生实现更美好世界的愿景。无论是子问题串的铺垫,还是教师提供的各种支架,都是在倾听学生提问之后设计的。景观地图绘制、植物电子档案、景观设计方案等任务是不可能一次性完成的,都经过了多次修改、相互比较、不断迭代。由于真实的不良结构所带来的不确定性,大大提高了学生主动参与、思考、构建、运用相关知识的积极性,潜移默化地将知识和技能进一步加深理解,起到学以致用的作用。学生在学习中也明白了真正的项目非常复杂,生活的难题亦像海洋般广阔,在面对无数亟待解决的问题时,需要的是合作力和创造性。

3. 注重实效,制作真实的作品

"生命科学—地理跨学科案例分析"不仅会在将来的中考中遇到,更会在未来的人生中常见,相信学生们再遇到城市生态景观会有不一样的视角。学生们纷纷表示等空中连廊最终建成的时候,希望真的可以让专家评估学生们的设计,收获公众真实的反馈。

(二) 项目化学习成功的关键点二: 融合

第一,本项目的设计将生命科学、地理、科学等学科的国家课程标准的内在逻辑与核心能力和素养培育融合在一起,作为项目开发的出发点。参考了新中考"生命科学—地理跨学科案例分析"的评价标准,落实项目化学习的有效性。

第二,本项目从设计到实施均由生命科学、地理两位老师共同协作,课时安排按照子任务分工,有的课时是一位教师进入课堂单独辅导,有的课时是两位教师共同进入课堂综合交流和评价。学生网络环境中展开学习,教师随时提供建议。

第三,本项目的实施阶段还融合了多种学习支架:"问题支架""范例支架""工具支架",以及一些表现形式更为随机的建议、对话、合作等支架。当然,搭建支架的主要目标是帮助学生克服学习困难、跨越学习障碍、达成学习目标、形成对学科知识有意义的建构和技能有效的掌握。而开展项目化学习的最终目的其实是教会学生如何自学，因此通过本次课程设计和实施，我们也意识到：虽然"学习支架"的作用显著，但搭建"学习支架"的目的绝不是让学生永远都要依靠"拐杖"的支撑来走路。如果学生学习能力提高了，教师应该适时地减少支架使学生独立完成任务，不断地把学生的能力从一个水平提升到另一个更高的水平。最终，本项目实现了"做"与"学"的融合，"创造性"与"严谨性"的融合。

（三）项目化学习的未来设计理念与畅想

当然，在本次项目化学习的过程中也存在很多遗憾，我们还需要总结经验，不断迭代，反复优化。但我们觉得这些遗憾也是未来发展的开放空间，我们会在今后的教学中做到：

第一，更"开放"，围绕生本课堂，通过创设开放式的学习模式，学校和家庭提供多种媒体设备和资源，教师基于教学设计进行全程学习支持和服务。

第二，更"民主"，尊重学生的兴趣爱好，真正培养学生学会自主提问、自我质疑、主动探求。

第三，更"创新"，努力提升教学创意，创设情景化、个性化的学习活动，为培养出真正具有国际影响力的人才而不懈努力。

高品质的项目化学习研究，不仅延展了学生的跨学科思维与深度学习能力，也让教师的专业素养不断发展和突破。我们将继续探索项目化学习教学模式，精心组织各类课程，巩固我校优秀成果，继续为广大学生带来更多创意和收获。